Le grand livre du langage du chat

Le grand livre du langage du chat

Les clés de l'éducation

L'éducation du chaton

On ne répétera jamais assez que le chat est un félin. Il se bat, marque son territoire, fait ses griffes... Tout ceci est naturel pour lui et nous ne pouvons rien y changer. Nous pouvons par contre lui apprendre les bonnes manières : utiliser sa litière, son grattoir plutôt que le canapé, ne pas monter sur la table de la cuisine, ni voler la nourriture ou griffer des personnes. L'éducation doit être ferme, mais il faut éviter d'en arriver aux coups ou de crier inutilement.

Quelle est la place de la mère dans l'éducation du chaton?

Il est primordial de laisser le chaton grandir quelques semaines avec sa mère. C'est à ses côtés qu'il apprend à jouer, à évoluer avec les autres et à maîtriser ses morsures et griffures. Celle-ci lui enseigne également la propreté : c'est pourquoi il passera ensuite beaucoup de temps à se lécher pour entretenir son pelage.

Comment affirmer son autorité?

L'éducation commence dès ses premiers pas dans votre foyer. Il est conseillé de faire son apprentissage de l'autorité via des

Il faut commencer l'éducation du chaton dès son arrivée dans votre foyer

jeux. Un exemple : attrapez doucement le chat par la peau du cou puis couchez-le délicatement sur le flanc. Avec les doigts, grattez-lui le ventre. Le chaton va fléchir ses pattes et s'immobiliser : de cette façon, vous pouvez lui faire comprendre votre position de maître. Il s'agit avant tout d'établir des règles claires qui n'autorisent aucune exception. Il ne faut pas hésiter à récompenser le chaton pour sa bonne conduite, mais il est inutile de crier ou d'utiliser des punitions corporelles : si le chat a peur, il est dans de mauvaises conditions pour apprendre.

Comment habituer votre chaton aux êtres humains ?

Pour sociabiliser votre chaton, rien de tel que de le stimuler, c'est-à-dire de le caresser et de jouer avec lui. Le jeune félin doit être saisi avec précaution plusieurs fois par jour et par différentes personnes du foyer. Mais avant tout, laissez-lui le temps de s'habituer à son nouvel environnement. Récemment adopté, il se sentira stressé et seul quelle que soit sa provenance (issu d'un élevage, donné par des amis, etc.). Un chaton timide, introduit dans un environnement avec des enfants ou un chien, aura probablement des difficultés à s'intégrer. Si les chats ne font jamais preuve de malveillance envers les bébés, ils éprouvent de la méfiance envers des enfants trop brutaux ou criards.

Comment apprendre à votre chaton la marche en laisse ?

Insensible à la force, il vaut mieux faire preuve de douceur pour lui apprendre un comportement nouveau. Les récompenses ont donc une efficacité certaine.

Faut-il punir votre chaton?

S'il mord, il ne faut pas hésiter à le punir. Pour autant, pour que la sanction soit efficace, il faut prendre le chaton sur le fait. À défaut, elle risque de ne pas être comprise. De petites tapes du bout du doigt sur la tête ou un peu d'eau sur le dos, ont déjà donné de bons résultats. Vous pouvez également souffler fortement comme un chat mécontent, il entendra que vous n'êtes pas satisfait. Attention, ces punitions doivent rester très exceptionnelles sous peine de provoquer un stress supplémentaire pour le chaton. Rappelons qu'il faut des règles simples et surtout peu nombreuses pour l'éduquer de façon optimale.

Comment interdire des endroits de la maison à un chaton?

Interdire quelque chose au chaton signifie avant tout le décourager. S'il monte sur la table ou sur le buffet, par exemple, inutile de lui crier des « non, tu descends! » en le regardant dans les yeux... Mieux vaut le prendre et le déplacer. Ajouter un son (claquement de doigt) au déplacement peut éventuellement accélérer l'apprentissage. Un chat ne tolère pas plus de quatre à cinq interdits. Choisissez plutôt une ou deux règles très importantes à vos yeux, et oubliez le reste. Quand celles-ci seront bien intégrées par le chaton, vous pourrez envisager de lui faire comprendre une ou deux autres consignes.

Comment apprendre la propreté à votre chaton?

À son arrivée dans son nouveau foyer, le chaton doit être enfermé dans une pièce avec sa litière. À vous ensuite d'accompagner votre animal jusqu'à son bac plusieurs fois par jour, après les repas ou la sieste. Il comprendra aisément son utilisation. Quelques jours plus tard, placez sa litière dans un endroit tranquille, loin des regards curieux.

Éduquer son chat

Votre chaton est maintenant sevré, presque propre et commence à gambader partout dans votre appartement ou votre maison. Il est grand temps de continuer l'œuvre débutée par sa mère et de parfaire sa bonne éducation. Conseils.

Comme tout animal, votre chat a reçu de sa mère une éducation en bonne et due forme lui permettant d'être propre, de se débrouiller seul et de subvenir à ses besoins les plus naturels. À cette première éducation, doit être ajouté votre dressage pour qu'il comprenne bien les règles de votre maisonnée, des règles qu'il doit absolument respecter !

Hygiène et propreté

La règle la plus évidente est celle de la propreté et de l'hygiène. Vous devez impérativement prendre en main l'éducation de votre chat pour qu'il aille faire ses besoins au seul endroit autorisé de votre domicile. Il est bon de savoir que le chaton ne devient indépendant que 3 semaines après sa naissance. Jusqu'à cette période, c'est sa mère qui déclenche la sortie des excréments en léchant son appareil urinaire, son anus et le bas de son ventre. Ensuite, le chaton devient pleinement autonome et peut donc se rendre à la litière. En dehors des conseils déjà vus pour la préparation de l'espace toilettes, il est bon de lui apprendre à se rendre à cet endroit. Le plus simple est de l'y emmener par la patte! Placez votre chaton dans sa litière: au contact de la terre meuble, il comprendra qu'il s'agit de ses toilettes. Vous pouvez aussi l'aider en prenant sa patte et en faisant semblant de gratter le sol. Si votre chat semble bouder sa litière, il est aussi possible d'appliquer des attractifs comme l'eau de Javel: n'abusez pas de ce produit et utilisez-le toujours de manière diluée pour éviter tout rejet de la part de votre chat.

Un instinct de chasseur

En fonction de son développement, le chat apprend petit à petit les comportements qu'il utilisera à l'âge adulte, des comportements qu'il met en pratique généralement avec ses frères et sœurs et qui vont lui donner ses réflexes de chasseur, de prédateur mais aussi de chat amoureux. En résumé, quand deux chatons se battent, ils ne sont en réalité qu'en train de pratiquer les gestes qu'ils devront réaliser dans leur vie future. Et contrairement à l'âge adulte, ces jeux sont complètement inoffensifs pour les deux chamailleurs: aucun coup douloureux ne sera échangé entre les deux partenaires de jeu. Si vous accueillez un chaton, il est donc important de jouer avec lui de telle manière qu'il puisse s'entraîner sans l'aide de ses frères et sœurs. Ce manque peut se révéler par votre transformation en compagnon de jeu qu'il malmènera parfois: vous devez très vite lui faire comprendre que vous n'êtes pas un chat et qu'à ce titre, il n'y a aucune raison qu'il vous morde sans cesse les mollets. Une seule règle: pour disputer un chaton, ne le frappez jamais. Utilisez plutôt une intonation forte, de l'eau pour le faire fuir, ou un grand jet d'air sur le visage si possible avant sa bêtise : le chat associera immédiatement cette réponse désagréable à ses mauvaises actions, sans pour autant être terrifié.

Un dressage en règle

Fait peu connu, les chats peuvent très bien apprendre de nombreux tours et, comme les chiens, réaliser des figures. Une seule règle pour y parvenir : de la patience et de l'intelligence ! Plutôt que de disputer votre chat, il est préférable de jouer la carte de la séduction en utilisant un système de récompense spécifique. Plutôt que de lui offrir un bol de croquettes supplémentaire quand il a réussi son tour, offrez-lui une friandise et donnez-la-lui durant la phase d'apprentissage (et non après que le tour a été effectué) afin qu'il comprenne que cette récompense est liée à ce qu'il vient de réaliser. Un moyen bien pratique de lui faire apprendre rapidement de nombreux tours !

Son doux nom

Pour qu'un chat réponde à son nom et vienne vous voir quand vous l'appelez, c'est très simple. Comme pour un dressage classique, il est nécessaire de séduire votre chat par une récompense adaptée, non présente dans son cycle alimentaire classique. Le plus simple reste de l'appeler, de lui donner sa récompense, tout en le caressant et en répétant son nom. Réalisez cette opération pendant plusieurs jours en combinant la friandise à l'appel de son nom. Au bout d'une semaine, alternez les phases avec et sans récompense, votre chat devrait après deux ou trois semaines venir tout seul.

L'éducation, tout un art

Contrairement à ce que l'on peut croire, un chat s'éduque facilement, avec douceur. Il suffit de suivre une méthode adaptée et de s'armer de beaucoup de patience.

Comment habituer mon chat à sa litière?

Le moyen le plus facile est tout simplement… de le poser délicatement dans l'espace reservé à ses besoins et de répéter souvent ce geste. À force, il comprendra son utilité et s'y rendra seul.

Mon chaton n'arrête pas de me griffer quand nous jouons ensemble… Comment y remédier?

Le premier enseignement que lui prodigue sa mère est la rétractation des griffes. C'est un réflexe qui doit être appris très tôt par le chaton. Vous devez absolument lui ordonner de ne plus vous griffer ou vous mordre : il doit comprendre que vous n'êtes pas du tout un chat et qu'un tel comportement, s'il est toléré quand il joue avec ses frères et sœurs, est à proscrire quand il joue avec vous.

Comment dois-je gronder mon chat?

La règle absolue est de ne jamais le frapper car il pourrait relier

> Les chats sont parfaitement à même d'apprendre des tours

cet acte à votre personne et devenir soit très peureux soit très agressif. La méthode la plus sûre est de le gronder en le regardant droit dans les yeux. Si votre chat recommence à faire la même bêtise, l'idéal est de le surprendre avant qu'il ne commette son forfait. Quand vous le gronderez, il liera automatiquement son mauvais comportement à votre attitude, sans être pour autant terrifié.

Il n'écoute pas du tout mes remontrances. Que faire ?

Votre chat possède donc un fort caractère. Montrez-lui le vôtre ! S'il n'écoute pas du tout vos remarques quand il fait une bêtise, vous devez passer à la vitesse supérieure. Utilisez l'eau ou l'air comme punition. Effets garantis !

Comment lui apprendre des tours ?

La récompense est la clef de l'apprentissage félin. Vous devez lui donner la friandise avant que le tour ne soit réalisé pour qu'il lie bien ce petit cadeau à la réalisation future de ce que vous souhaitez lui apprendre.

Comment lui apprendre son nom ?

Il faut commencer par l'appeler chaque fois que vous lui donnez à manger. Au bruit de son bol et de ses croquettes, il vous rejoindra en courant. Très vite, il associera son nom avec son repas. Continuez à l'interpeller en lui offrant une gourmandise. Au fur et à mesure, veillez à remplacer la récompense alimentaire par des paroles douces.

Comment lui apprendre à s'asseoir?

Appelez votre chat et présentez au-dessus de sa tête une friandise. Il va naturellement essayer de l'attraper. C'est à ce moment que vous lui direz: « Assis! » et l'obligerez à s'asseoir. Récompensez-le en lui donnant la friandise et en le caressant. S'il semble vouloir bouger, ordonnez-lui de rester calme et donnez-lui à nouveau une récompense.

Comment lui apprendre à vivre avec un bébé?

Vous venez d'avoir un bébé et vous avez peur pour les relations entre votre animal et votre jeune enfant? Tout doit se faire dans le calme afin de mettre à l'aise votre animal. Même s'il ne présente pas un danger pour votre enfant, ses habitudes vont être modifiées, et il n'appréciera pas forcément. Dans tous les cas, passez un peu de temps à jouer avec lui afin qu'il ne déprime pas.

Comment l'habituer à être tenu en laisse?

En s'y prenant le plus tôt possible. C'est de loin l'une des choses les plus difficiles à lui apprendre. Attachez la laisse à votre chat dès qu'il atteint l'âge de 2 mois et laissez-le gambader sans la tenir. Il ne faut surtout pas tirer brusquement (il aurait l'impression que vous souhaitez l'étrangler) ni le forcer à vous suivre en le traînant. Quand il aura pris l'habitude, il pourra être sorti sans crainte.

Comment lui apprendre à ne plus griffer?

Si votre chat vous griffe, il est temps d'intervenir! Avec des gants et un appât (bouchon au bout d'une ficelle), provoquez le jeu dès que le chat mord, dites « non! », puis recommencez. Si votre chat ne parvient pas à se contrôler et s'il est âgé de plus de 8 semaines, consultez un vétérinaire.

Le dressage de A à Z

Contrairement aux idées reçues, un chat peut parfaitement être dressé et apprendre des tours. À condition d'avoir reçu une bonne éducation dès son plus jeune âge. De l'apprentissage des bonnes règles de conduite à son dressage, le b.a.-ba.

A comme Apprentissage

Pour réussir l'éducation de votre chat, mieux vaut isoler l'animal dans un endroit peu fréquenté. Les séances ne doivent pas durer plus de 15 minutes afin de ne pas fatiguer votre animal. Pendant ces séances, il est conseillé de n'apprendre qu'un seul ordre en répétant sans cesse le même mot.

A comme Apprivoiser

Pour améliorer la tolérance aux caresses, il faut favoriser la motivation de votre chat à vous approcher : friandises, ruban, ficelles…

B comme Bébés

Les chats et les enfants développent des relations essentielles, s'ils ont été soigneusement présentés. Le chat doit être à l'aise et confiant.

B comme Bêtise

Plusieurs sanctions sont possibles, mais évitez de le corriger.

Quelques idées : effrayez-le en lui jetant un objet léger à proximité, projetez quelques gouttes d'eau avec vos doigts ou un pistolet à eau, utilisez un dispositif électronique qui projette un gaz incolore, inodore et non toxique aux endroits qui lui sont interdits (vendu dans les surfaces spécialisées).

C comme Clicker

Gadget en plastique, produisant un bruit de cliquet quand la « langue » en métal est enfoncée. Le clicker permet de dresser votre animal. Il doit associer le bruit à une récompense. Ainsi tout comportement peut être marqué, comme le transport ou le brossage.

C comme Contrainte

Une fois le chat assis, placez vos mains sur ses flancs, tout en lui ordonnant de ne pas bouger. Récompensez-le avec une friandise. Apprenez-le à supporter cette contrainte pendant 20 minutes. Puis brossez-le, en le récompensant d'une friandise.

D comme Dressage

L'éducation du chat la plus efficace est celle ayant recours à la récompense (aliment de choix ou caresse par exemple). Attention à ne pas le terrifier, il s'agit de tirer parti des instincts naturels de l'animal. Ce dernier fera alors preuve d'intérêt pour le dressage.

E comme Éducation

Votre chat associe positivement ou négativement des

circonstances et des gestes. L'éducation la plus efficace est celle qui récompense le chat, ce qui permet de modifier son comportement.

E comme Exclusion

Éloignez votre chat, lorsque celui-ci sollicite trop votre attention. Cela le calmera. Quittez la pièce, ou soulevez-le et mettez-le dans une pièce fermée.

Un chaton turbulent

Un jeune chat aime jouer, chasser, se quereller ou faire la course. C'est un comportement tout à fait naturel et vous ne devez pas vous en inquiéter outre mesure. Lorsqu'il vieillira, il deviendra plus calme. En attendant, ces comportements ne doivent surtout pas être punis. Afin qu'il évite de jouer avec des objets précieux, installez un arbre à chat, et donnez-lui des jouets. Habituez-le à jouer dans son territoire pour qu'il ne vienne pas saccager le vôtre.

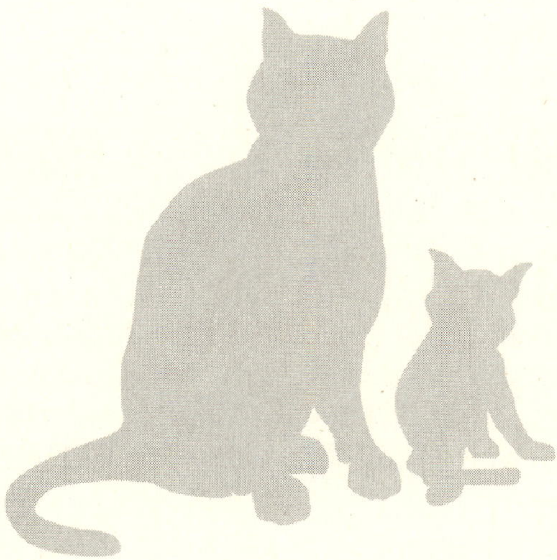

Mon chat n'est pas propre

Comment ça ? Un félin, c'est bien connu, c'est toujours propre, non ? Malgré cette réputation, il arrive que votre chat boude sa litière et préfère vos plantes, voire vos tapis, pour se soulager. Que faire pour y remédier ? Réponses !

Mon chat n'aime pas sa nouvelle litière. Pourquoi ?

Le grand mot est lâché : nouveau. Votre chat aime bien conserver ses habitudes et vous le fait savoir : vous avez changé sa litière, il n'ira pas aux toilettes et fera ses besoins partout dans la maison. Si vous êtes amené à changer de litière, une seule solution pour que tout se passe bien : le faire progressivement en mélangeant petit à petit le nouveau mélange à l'ancien. Comptez environ une semaine pour que votre chat s'habitue tranquillement à ses nouvelles toilettes.

Mon chat ne veut pas rentrer dans son bac fermé… Que dois-je faire ?

Forcément, cela était une très mauvaise idée d'acheter ce type de bac : votre chat ne peut pas se retourner dans un espace trop exigu, il ne peut pas voir ce qui se passe autour de lui et peut même s'y retrouver coincé. Bref, dans la mesure du possible, préférez les bacs ouverts qui ont certes le désavantage de favoriser les déjections à côté du bac mais qui ont aussi l'intérêt d'offrir de meilleures conditions d'hygiène et de confort à votre animal.

Mon chat ne se rend plus dans sa litière préférée. Pourquoi ?

Deux causes principales : la propreté et les odeurs. Il est impératif d'enlever les excréments remontés à la surface, votre chat aimant très peu les litières souillées. Même constat pour la partie liquide : l'urée contenue dans les urines est à l'origine d'une forte odeur ammoniaquée. Pour que tout se passe bien, il est préférable de nettoyer fréquemment la litière. Une autre astuce consiste à la récurer avec un peu d'eau de Javel diluée pour éviter toute allergie.

Je possède un chaton orphelin qui ne va pas aux selles. Que faire ?

Rappel : jusqu'à trois semaines les chatons ne possèdent pas les réflexes d'éliminer leurs selles. C'est un processus qui est initié par sa mère en le lèchant. Si la mère est morte ou absente, c'est à vous qu'incombe cette tâche : prenez un coton-tige, mouillez-le et frottez le bas du ventre pour déclencher l'élimination.

Pourquoi préfère-t-il mes pots de fleurs ?

Tout simplement parce que la terre ou le terreau y sont agréables et offrent les meilleures conditions : une très bonne profondeur, une tendresse et une chaleur qui lui rappellent les conditions idéales pour faire ses besoins. Peu de solutions existent pour le faire retourner dans sa litière, la seule possibilité qui vous reste est de protéger vos pots de fleur en les rendant inconfortables : vous pouvez placer une feuille de plastique ou d'aluminium froissée, des petits cailloux.

Mon chat a de grandes griffes. Puis-je les couper ?

Certainement pas ! Les griffes ont tellement d'importance pour les chats que le dégriffage est complètement interdit. Elles lui permettent de marquer son territoire et de laisser des signes à ses congénères. Si vous les lui coupez, ce sera une catastrophe ! Préférez protéger les endroits à risque pour éviter tous les dégâts.

Il urine partout dans la maison. Que faire ?

Dans son état normal, le chat utilise de petits dépôts d'urine pour marquer son territoire. S'il est anxieux ou très stressé, il peut être amené à surmarquer son territoire pour éviter toute agression. Le mieux est d'essayer de trouver l'origine de cette peur subite.

Il n'enterre pas ses excréments. Pourquoi ?

Le fait d'enterrer ses excréments est le résultat d'un apprentissage par sa mère où la miction (le fait de gratter le sol) est suivie de l'élimination. Si votre chat n'enterre plus ses excréments, cela est sûrement dû à l'état de propreté ou à la texture des composants de sa litière. Le mieux est de nettoyer le bac et d'augmenter légèrement la profondeur de votre litière, les résultats seront quasi immédiats.

Il urine sur la moquette ou sur le parquet. Que faire ?

Si son comportement est passager et non lié à un état d'anxiété évident, il faut le punir ! Le plus important dans le dressage d'un chat est de le prendre sur le fait et de le punir au moment de l'acte (et surtout pas après) afin qu'il lie son acte à la punition immédiate. Les punitions les plus efficaces sont un jet d'eau ou d'air sur sa tête ainsi qu'un ordre fort.

Mon chat fait ses excréments sur le lit, dans l'armoire à linge... Pourquoi?

Il s'agit d'un cas caractéristique d'allergie à la litière que vous lui avez préparée. Votre chat est propre, mais n'aime pas du tout ses toilettes officielles. Il essaie donc dans la mesure du possible de trouver un endroit qui puisse lui permettre d'enfouir ses excréments même si le résultat est complètement à l'opposé des effets recherchés. Changez de marque de litière!

Chat des villes, chat des champs

Que vous habitiez un appartement ou une grande maison, votre chat risque un jour de vouloir visiter le monde extérieur avec tous les dangers et les risques que cela comporte. Voici les impératifs à connaître pour éviter tout accident malencontreux.

Votre chat ne cesse de regarder à travers la fenêtre du salon et de tambouriner contre la vitre en vous regardant d'un air triste. Faites-vous une raison : les chats ont non seulement besoin d'exercice mais aussi de plein air. Si l'environnement extérieur est beaucoup plus dangereux que le confort douillet de votre intérieur (des voitures aux autres chats et chiens, en passant par les plantes toxiques et les bactéries diverses), il est conseillé que votre chat étende son territoire. Car s'il ne le fait pas, il risque au mieux de déprimer, au pire d'être surexcité (les fameux « quarts d'heure de folie ») et de vous faire la fête toutes les cinq minutes.

En appartement

Certainement les conditions les plus difficiles. Si vous possédez un balcon, il est conseillé d'attacher votre chat à l'aide d'un harnais de sécurité pour éviter qu'il ne s'amuse à grimper partout. Si, au contraire, vous habitez au rez-de-chaussée et bénéficiez d'une cour intérieure, optez pour la chatière. Installez-la de

> Habituez petit à petit votre chat au port du harnais pour une sécurité maximale

préférence dans une pièce peu utilisée et à peine chauffée l'hiver (comme un garage ou une cave). De nombreux modèles existent et offrent des systèmes plus ou moins évolués, les plus efficaces étant ceux nécessitant un collier électronique qui n'autorise que le seul passage de votre chat. Si vous souhaitez promener votre chat dans la rue, optez une fois de plus pour le harnais. Évitez la laisse : votre chat se sentira stressé et essaiera par tous les moyens de se séparer de sa nouvelle prison. Comme d'habitude avec les chats, il est conseillé d'habituer dès son plus jeune âge votre animal au port du harnais afin d'éviter tout rejet… La prudence est de mise dans la rue avec une allonge courte : tout écart d'un chat apeuré peut se révéler dangereux et pour vous et pour lui.

Dans un jardin

Votre chat s'amuse avec les papillons, batifole dans les plantes vertes et fait la connaissance des chats du voisin… Autant de moments d'émerveillement qui peuvent se transformer en accidents. Faites bien attention à vos plantations, les chats aiment découvrir de nouveaux goûts… au risque d'en tomber malades. Si votre chat a tendance à faire ses besoins sur votre pelouse fraîchement tondue, grondez-le et installez-lui un espace recouvert de sable ou de copeaux de bois : si vous avez des enfants, le contact avec l'urine peut être allergène et dangereux pour leur santé. Votre chat vient de grimper dans un arbre et semble ne plus vouloir en descendre ? Appâtez-le avec des friandises : la faim et la gourmandise suffiront à lui donner du courage. S'il apparaît comme bloqué, vous n'aurez pas d'autre choix que d'appeler les pompiers.

À la campagne

Vous habitez en milieu rural et votre chat est une vraie furie dehors ? Optez pour la manière forte : il est préférable de parfaitement délimiter son territoire en l'y aidant un peu. Les humeurs vagabondes des chats sont souvent à l'origine de conflits entre voisins et il serait dommage de se fâcher pour un matou un peu trop curieux. Si votre chat ne cesse d'aller chez votre voisin, vous pouvez très bien installer un grillage (une hauteur de 1,70 m est conseillée pour un résultat vraiment efficace) ou préferer un outil plus esthétique : le collier électrique. Il s'agit d'une solution certes plus onéreuse mais aussi plus pratique : un fil est enterré dans le sol et délimite le périmètre à ne pas franchir. Si votre chat s'aventure trop loin, il reçoit une décharge électrique. Votre chat vient de disparaître ? Commencez par appeler les vétérinaires du coin : c'est souvent chez eux que les personnes qui trouvent un chat perdu ou abandonné déposent l'animal.

C'est la bagarre...

Votre chat vient de s'apercevoir qu'il n'était pas tout seul et que de nombreux autres chats habitent près de lui. La guerre est déclarée, les conflits de territoire sont en vue ! Si les chats prennent la précaution de marquer leur territoire à coups de griffes et de depôts d'urine, ils n'apprécient que très moyennement l'arrivée d'un congénère, surtout s'il est du même sexe. Dans la mesure du possible, il est bon de limiter le territoire de chaque chat. Si vous habitez en milieu ouvert et qu'il est difficile d'installer un grillage, parlez avec vos voisins pour contrôler vos chats respectifs.

Mon chat, ce chasseur

Bien qu'il soit domestiqué, votre chat n'en reste pas moins un redoutable prédateur. Oiseaux, souris, poissons rouges, musaraignes et même taupes, tout peut être prétexte à devenir une proie… Décodage d'un comportement on ne peut plus naturel.

Ma chatte ramène des proies à ses chatons. Est-ce normal ?

Pas la peine de s'inquiéter et changer sa marque de croquettes : il s'agit d'un événement tout à fait normal dans l'apprentissage des chatons de leur environnement extérieur. Au bout de quatre à cinq semaines, votre chatte partira à la chasse pour ramener des proies mortes ou vivantes et ainsi réveiller les instincts chasseurs de sa progéniture. Si vous habitez à la campagne, il se peut même qu'elle parte avec ses chatons pendant plusieurs jours en pleine nature pour leur apprendre la vie à la dure. Là aussi, aucune raison de s'inquiéter, la petite famille reviendra rapidement.

Que faire si mon chat me rapporte des rats morts ?

Ne surtout pas le gronder ou le punir. Même si vous êtes dégoûté de découvrir un cadavre de mulot dans vos pantoufles, retenez votre haut-le-cœur et félicitez votre animal. Une fois son sevrage terminé, il est classique qu'un chat offre à son nouveau maître le résultat de sa chasse.

Ou des proies vivantes?
Il arrive parfois que le chat ne tue pas sa proie immédiatement comme par exemple les oiseaux ou les petits animaux. Si vous tenez absolument à libérer son innocente victime plutôt que de voir votre animal préféré l'engloutir en une bouchée, n'essayez surtout pas de lui faire lâcher sa proie, il risque de devenir très agressif. Le mieux est de lui donner une friandise ou une récompense qu'il apprécie particulièrement afin de lui faire lâcher prise.

Mon chat tue tous les oiseaux du jardin. Puis-je l'empêcher?
Oui, bien entendu. D'une part, éloignez les mangeoires des oiseaux en les surélevant. Même si votre chat est bon grimpeur, il mettra un temps plus important à atteindre le nid de ses victimes qui auront tout le temps de déguerpir. D'autre part, placez-lui autour du cou collier à grelots: le bruit éveillera les soupçons des oiseaux et des autres animaux.

Mon chat ne semble pas vouloir chasser… Pourquoi?
L'instinct de chasse n'est pas automatiquement très développé et est en rapport avec la race et l'éducation de votre chat. S'ils s'amusent volontiers avec les mouches ou les papillons, ils n'ont pas forcément envie de passer leur journée à faire des galipettes alors qu'ils savent qu'ils vont trouver à manger chaque jour dans leur écuelle.

Mon chat est ami avec les poissons. Est-ce normal?
C'est qu'il a certainement été habitué dès son plus jeune âge

à leur présence. La phase de socialisation intervient entre 2 et 7 semaines après la naissance. Durant cette période, le chat peut très bien devenir ami (ou du moins s'habituer) avec des chiens, des chats, des oiseaux… Passée cette période, tout nouvel arrivant sera considéré soit comme un ennemi soit comme une proie.

Mon chat mange mes poissons rouges ! Que faire ?

Les protéger bien entendu ! Pensez d'une part à surélever votre aquarium, à le placer sur un élément difficilement accessible où votre chat ne puisse s'agripper. Enfin, si votre chat continue, mieux vaut essayer de placer une grille sur votre aquarium pour qu'il ne puisse plus y passer sa patte. Si vous le prenez sur le fait, punissez-le en l'aspergeant d'eau ou en lui soufflant sur le museau.

Mon chat a attaqué mes lapins. Comment est-ce possible ?

Tout animal domestique auquel n'a pas été habitué votre chat peut devenir une proie. Et même un animal beaucoup plus gros que lui ! L'idéal est de séparer les espaces de chacun pour que les rencontres soient les moins fréquentes car si elles ne se terminent pas forcément par la mort de sa proie, elles peuvent stresser votre second animal de compagnie…

Comment puis-je protéger mes animaux domestiques ?

En dehors de la technique du collier à grelots, il existe des colliers qui permettent de calmer les instincts de votre chat. Il existe aussi de petits détecteurs de mouvements qui s'activent à la présence de votre chat et émettent un bruit inaudible pour l'homme afin de prévenir de l'arrivée de votre matou dans les parages.

Mon chat laisse passer toutes les souris. Pourquoi ?

Pas la peine de le disputer à longueur de journée, il ne doit pas posséder un tempérament de chasseur. Préférez placer des pièges et des tapettes : ce n'est pas en houspillant votre animal que vous lui donnerez une envie plus grande de courir après les souris.

Gratteur fou

Le chat gratte sa litière, cela est normal. Il enterre ses excréments. Mais il peut aussi gratter à côté de son bol de nourriture. Non, votre chat n'est pas bête. Il est content, excité et marque ce lieu de ses phéromones. Attention, un grattage de sol excessif peut traduire un stress.

Chats à caractère fort

Certains chats ont un caractère très fort ! Le siamois par exemple est joueur mais il peut être intolérant. On part aussi du principe que tous les chats ont leurs humeurs, ils n'aiment pas toujours être caressés pendant des heures. Les robes écailles-de-tortue et les tachetées s'y prêtent plus que d'autres.

Chats joueurs

Certains chats sont très joueurs, ils sont vifs et se prêtent à un foyer avec des enfants. Les chats à la robe bleue et bicolore sont souvent taquins. Les races comme le rex cornish, le devon rex, le german rex, le selkirk rex, le siamois, l'angora, le polour point et le norvégien, en ont aussi la réputation.

Chats affectueux

On peut anticiper un tempérament en fonction de la race ou même de la couleur de la robe. Les chats affectueux sont souvent les suivants : les chats à la robe noire, blanche, gris fumé et crème. Les races affectueuses sont en principe les chartreux, les abyssins, les mains coons, les ragdolls et les birmans.

Honte

Il arrive que le chat se mette à détaler à votre arrivée du boulot. Et là vous constatez que votre vase fétiche est cassé ! Le chat sait qu'il a fait une bêtise, mais il ne l'a pas forcément fait exprès. Pensez à mettre vos objets précieux à l'abri. Il est normal que le félin grimpe sur les meubles. Soyez prévoyant.

Dominant/dominé

Lorsque deux chats vivent ensemble il y a toujours un dominant et un dominé. Vous le remarquerez dans l'attitude des félins. L'un se prosternera devant l'autre. Mais avant que la hiérarchie soit établie, vous pourrez être témoin de quelques moments de luttes intenses. Pas de panique, cela ne durera pas éternellement.

Stop aux miaulements

Si votre chat est trop bavard et qu'il ne cesse de miauler toute la journée et même la nuit, pensez à l'ignorer. Ce n'est vraiment pas facile et il faut prendre sur soi. Mais le chat finit par se lasser. Il va assimiler le fait que miauler ne vous fait pas toujours venir.

Dans la peau d'un chat

Si votre chat est peureux, encore tout petit ou semble victime de stress, pensez à vous mettre à son niveau lorsque vous passez du temps avec lui. Nous sommes des géants pour lui, nous sommes impressionnants. Asseyez-vous, allongez-vous à côté de lui. Ou ignorez-le. Il finira par se détendre.

Donne la patte!

Aussi inutile que cela puisse paraître au premier abord, c'est une bonne entrée en matière dans le dressage félin. Quand votre chat est assis, touchez-le au niveau du coude. Il devrait lever sa patte par réflexe. Donnez l'ordre « patte » et récompensez-le. Puis recommencez jusqu'à ce qu'il assimile cette action.

Apprivoiser un chat sauvage

Lorsque vous recueillez un chat errant, vérifiez d'abord qu'il n'a pas de puces ou de tatouages. Ensuite, regardez son état de santé. Il faudra l'emmener chez le vétérinaire et prendre patience avec lui pour l'élever. Les chatons de 6 à 8 semaines s'adaptent plus vite que des chats adultes.

Flagrant délit

N'oubliez pas la règle la plus importante du dressage ! Si trop de temps s'écoule entre l'acte non désiré et la punition, le chat ne comprendra pas la réprimande. Il faut absolument qu'il fasse le rapport entre son geste et vos remontrances.

L'habituer jeune

Plus vous l'habituez jeune aux bonnes manières, plus il est facile pour lui d'assimiler vos exigences. Un chaton apprend les réflexes et les tient plus facilement comme acquis qu'un chat adulte. Ainsi, dès son plus jeune âge, habituez votre chat au brossage, au transport en cage ou à ne pas faire certaines bêtises.

Le décourager

Peu importe la manière que vous choisissez pour punir votre chat ou celle qui fonctionne, le principal est d'être patient et de la répéter jusqu'à ce que le chat assimile votre ordre. En effet, il est plus difficile de dresser un chat qu'un chien. Le félin aime n'en faire qu'à sa tête et défier votre autorité. Il faut le décourager !

Le mouiller

Il existe différentes écoles pour punir un chat. Certains préconisent de lui envoyer un petit peu d'eau lorsqu'il commet l'irréparable. Vous pouvez pour cela utiliser un vaporisateur d'eau, un petit pistolet à eau ou juste quelques gouttes sur les doigts. Il devrait associer cette sensation désagréable à l'action qu'il commet.

Lui lancer une peluche

Certains préfèrent lancer un objet mou sur le côté du chat, comme une peluche ou un coussin. Ne visez pas la tête et ne lancez pas trop fort. Il n'est pas question de lui faire mal mais de l'effrayer sur le coup pour qu'il arrête toute action. Cette action répétée devrait lui couper l'envie de recommencer.

Se montrer ou pas

Beaucoup de maîtres ne veulent pas que leur chat sache qu'il est celui qui envoie de l'eau ou lance un coussin. Ils le prennent par surprise et veulent qu'il enregistre lui-même l'action à suivre. Il s'agit de ne pas perdre la confiance et la tendresse que leur offre le chat. D'autres ne se cachent pas et s'imposent en maître.

Comme sa mère

La maman des chatons donne une légère tape avec sa patte sur son petit lorsqu'il fait des bêtises. Vous pouvez utiliser cette technique pour reprendre le travail déjà effectué par la mère. Le chat comprendra qu'il ne faut pas recommencer. Il s'agit de tapoter la tête du chat avec uniquement deux doigts.

Le bruit

Pour les personnes réticentes à l'idée d'envoyer de l'eau ou un objet mou sur l'animal, il existe toujours la méthode du bruit. Il suffit de hausser le ton fermement en répétant toujours le même mot, d'utiliser un sifflet ou de simplement faire le fameux « tttt », quand votre chat dépasse les limites imposées.

Un bébé dans la famille

Un chat est rarement agressif avec un nouveau-né, mais il risque de se blottir contre lui pendant la sieste ou de prendre peur avec un geste brusque. Ne laissez pas votre petit seul avec un chat. Il est important aussi d'habituer le chat à l'odeur du bébé pour qu'il ne soit pas jaloux. Pensez à le caresser, lui aussi.

Activité nocturne

Le chat passe ses journées à dormir et se dépense la nuit. Cela lui vient de son instinct de chasseur nocturne. Ne l'encouragez jamais à jouer avec vous la nuit. Préférez lui donner son dernier repas tôt dans la soirée et jouez avec lui assez tôt. Il faut qu'il dépense un maximum son énergie avant l'heure du coucher.

Les secrets de la compréhension

Les étapes de la vie de chaton

Le caractère du chaton, comme son degré de socialisation, dépend de l'héritage génétique de ses parents et des conditions environnementales auxquelles il sera exposé. Sa formation se déroule d'ailleurs par étapes dont chacune est fondamentale.

Pour favoriser la bonne adaptation à l'homme du futur chaton, il est conseillé d'assurer à la chatte en gestation un environnement calme et de qualité. Durant cette période, il est bon de la caresser et de lui parler quotidiennement. Si la chatte est traitée avec douceur, sa descendance sera naturellement plus paisible. À l'inverse, tout stress ressenti par la mère se répercutera sur le fœtus et pourra avoir des effets négatifs sur l'état émotionnel du chaton.

La dépendance

À la naissance, le chaton est sourd, aveugle et peut à peine se déplacer. La mère le transporte donc en le saisissant dans sa gueule. Le chaton dépend exclusivement d'elle et ne peut en être éloigné sans manifester un sentiment de détresse intense. Le chaton ne sait pas maintenir sa température corporelle, il se dirige naturellement vers une source de chaleur : sa mère. En s'enfouissant dans son corps chaud, il atteint aisément les mamelles pour se nourrir. À cette période, un chaton dort 90 % du temps, et ne se réveille que pour profiter de la tétée. L'ouverture

Le développement du chaton s'effectue pas à pas. Chaque étape influencera sa personnalité d'adulte

des paupières intervient à date variable : dans un lieu faiblement éclairé et si le chaton est suffisamment manipulé, celle-ci peut intervenir dès le troisième jour. Quoi qu'il en soit, il est conseillé d'habituer d'ores et déjà le chaton aux relations humaines dès la première semaine.

La socialisation

La période de socialisation est probablement la plus riche sur le plan psychomoteur et psychologique du chaton. Elle est capitale du point de vue de l'acquisition des comportements et de la découverte du milieu environnant. Par un processus dit d'imprégnation, le jeune félin va faire sien les codes et les modes de communication de son espèce. Le chaton va également apprendre à se contrôler (griffures, morsures, etc.). Toutes les stimulations lui seront profitables et les jeux de combats avec sa fratrie vont le marquer pour toujours. La mère se doit de limiter les excès du chaton et de transmettre les apprentissages fondamentaux (propreté, chasse, etc.). Pour optimiser son habituation à l'homme, le chaton doit être manipulé quotidiennement dans un climat de confiance et de plaisir, ce qui implique l'intervention de plusieurs personnes. Parallèlement, il s'agit de familiariser au maximum le petit animal avec les éléments qui constitueront son quotidien : odeurs et bruits de la maison. Il faut lui montrer le plus de situations possibles pour qu'il devienne un adulte adaptable. Cette période entre la 2e et la 7e semaine est déterminante pour le chaton.

La puberté

Si le sevrage alimentaire survient dès la quatrième semaine (les chatons attrapant déjà des proies vivantes), le sevrage affectif advient généralement entre le troisième et le sixième mois. Aussi, retirer un chaton à sa mère dès le sevrage alimentaire est mauvais pour l'équilibre psychologique du chaton qui est ainsi dépossédé de nombreux apprentissages maternels. Le détachement définitif intervient à des périodes très dissemblables selon les chatons, mais on considère que le chat atteint l'âge adulte autour de 18 mois. En bref, aussi étonnant que cela puisse paraître, l'âge d'adoption théorique pour un chaton se situe autour de 5 mois. En pratique, 3 mois est un âge tolérable : le chaton aura acquis, à cet âge, un bagage suffisant de savoir-être. Sevrés trop tôt, il risque de développer un attachement excessif à son maître, d'être extrêmement sensible, agressif et de s'adapter difficilement aux moindres changements.

Le pétrissage

Lorsqu'il est détendu, le chaton a tendance à effectuer de petits mouvements avec ses pattes avant. Ce type d'action, appelée aussi « pétrissage », apparaît dès sa venue au monde : le chaton pétrit le ventre de sa mère au moment de la tétée. Ce comportement peut perdurer à l'âge adulte : vous avez sûrement déjà vu votre chat pétrissant une couverture ou même vos genoux, en accompagnant son geste de longs ronronnements. Ce qui tenait auparavant du réflexe est devenu un véritable moyen de communication.

Mon chat est une femelle

La sexualité de votre chatte peut être bruyante et devenir problématique. La naissance des chatons doit être suivie de près afin de limiter toute complication. Voici tout ce que vous auriez voulu savoir sur votre chatte sans jamais oser le demander !

Quand se produit la saison des amours ?

Dans le cycle de reproduction des chats, il existe deux saisons des amours : à la fin du printemps (les chatons naissent vers la mi-mai) et à la fin de l'été (les chats naissent entre début et mi-septembre). Parfois, une troisième période des amours a lieu vers fin octobre si les conditions climatiques sont très douces et favorables. Ces deux périodes durent environ deux à trois semaines. En fonction des races, une chatte âgée de 6 à 9 mois peut être fertile.

Ma chatte semble pleurer tout le temps. Est-ce normal ?

Ce ne sont pas des pleurs mais des cris d'appels. Certains facteurs sont à l'origine du déclenchement des chaleurs de la femelle, en particulier la hausse de la luminosité, ou le cycle lunaire. Les conséquences sont quasi immédiates avec une production d'hormones beaucoup plus importantes qui aboutissent au changement de sa voix. La chatte n'arrête pas de pousser

Les pilules ne sont pas conseillées. Une opération, plus sûre, est préférable

des petits miaulements qui sont dans certains cas très bruyants (chez les siamois notamment).

Comment se déroule l'accouplement ?

La chatte choisit son amoureux et pétrit le sol. Elle s'aplatit tandis que le mâle vient se placer juste derrière elle. Ce dernier lui mord le cou et la pénètre : il a la particularité de posséder un sexe hérissé de piquants qui rend très douloureux l'accouplement. C'est le premier accouplement qui déclenche l'ovulation, la chatte ne connaissant pas de cycle régulier. Afin d'optimiser les chances de fécondation, la chatte peut avoir plusieurs rapports avec le même mâle ou des mâles différents.

Est-ce possible de lui donner la pilule ?

Non, ce n'est pas conseillé. Il existe en effet des traitements contraceptifs mais le dosage très fort des hormones peut rendre malade votre chatte ou, pire, provoquer de graves maladies. Si vous souhaitez stériliser votre chatte, l'opération reste la solution la plus simple et la plus sûre possible.

Combien de temps prend la gestation ?

Tout dépend de la race de votre chat. Généralement, la gestation dure environ deux mois (au maximum 70-75 jours). Au bout d'une trentaine de jours, les mamelles se teintent en rose et commencent à gonfler. Une dizaine de jours avant la mise bas, vous pourrez sentir les chatons commencer à bouger et donner des coups dans le ventre de leur mère. Il est bon de prévenir le vétérinaire de toute grossesse afin d'éviter toute complication.

Mon chat est un chat de race. Comment donner son pedigree à sa progéniture?

Vous n'avez que très peu de choix possibles: vous devez faire appel aux services d'un spécialiste. Que votre chat soit un mâle ou une femelle, l'éleveur vous présentera une mère porteuse ou un étalon, en prenant bien soin de vous montrer à la fois son pedigree ainsi que les résultats des tests de dépistage des différentes maladies obligatoires. Il est généralement conseillé de laisser les chats en toute intimité pendant 3 à 5 jours afin d'optimiser les chances de fécondation.

Ma chatte semble se comporter comme si elle était enceinte mais elle ne l'est pas. Est-ce grave?

Les grossesses nerveuses existent aussi chez les félins. C'est un comportement qui peut avoir des conséquences graves sur les grossesses futures, il est important donc de consulter le plus rapidement possible un vétérinaire. Un traitement hormonal suffit généralement à remettre tout en ordre.

Ma chatte a disparu avec ses petits. Que se passe-t-il?

Elle les a certainement emmenés en stage de découverte de la nature. Ce phénomène, qui n'est pas obligatoire, est absolument naturel: la mère prend ses rejetons et leur apprend la vie à la dure, loin de leur écuelle. Elle finit leur éducation en leur enseignant comment chasser ou comment vivre dans la nature en vrai prédateur. Puis, ils rentrent à la maison!

À combien de chatons une chatte donne-t-elle naissance?

On compte une moyenne 4 à 5 chatons par portée. Si les chatons sont plus nombreux, cela peut-être aussi dangereux pour la mère lors de la mise bas que pour la survie des chatons.

Je ne souhaite pas garder tous ses chatons. Comment faire ?

La seule solution qui existe est de consulter un vétérinaire qui est le seul habilité à procéder à l'euthanasie. Il est conseillé de garder au minimum un chaton afin de ne pas provoquer des montées de lait douloureuses chez votre chatte. Dans tous les cas, il est préférable de limiter les grossesses de votre chatte en la faisant opérer.

Les troubles de A à Z

Malpropreté, dépression, agressivité... Un changement d'attitude peut être la manifestation d'un problème sous-jacent. Décryptage des troubles du comportement félin.

A comme Agressivité

Lorsque la socialisation du chat n'a pas été effectuée correctement ou qu'elle comporte des lacunes importantes, le comportement du félin peut devenir terriblement gênant pour son maître. Dans ce cas, le chat mord, griffe, détruit les objets, saute sur les épaules de ses maîtres ou encore grimpe le long des jambes des membres du foyer. Une thérapie comportementale est alors adaptée. Au contraire, lorsque la domestication a été convenablement suivie et que le chat continue de présenter une conduite agressive, un traitement chimique peut être conseillé par votre vétérinaire.

C comme Causes

Les causes des troubles du comportement chez un chat sont multiples, mais il est possible de les classer par ordre d'importance : un changement d'environnement (vacances, déménagement, travaux dans la maison), intégration d'un nouvel animal ou d'une nouvelle personne dans le foyer, et enfin, survenue d'une maladie.

En matière de troubles du comportement, il faut distinguer les troubles pénibles pour le maître, et ceux, souvent plus sérieux, qui gênent l'animal lui-même

D comme Dépression

L'état dépressif survient environ 8 à 10 jours après un stress important. Ce dernier peut être lié à une perte de repères affectifs (abandon, décès du maître, etc.) ou territoriaux (déménagement). À l'instar de l'homme, l'animal dépressif se désintéresse de tout son environnement. Il ne bouge plus, ne mange plus et dort beaucoup. Cet état de mal-être peut aller jusqu'à un arrêt total du toilettage ou une malpropreté urinaire et fécale soudaine. Le vétérinaire sera donc à même de pratiquer un traitement comportemental associé à une prescription médicale.

G comme Griffage

Par ses griffades, un chat est capable de faire énormément de dégâts dans une maison. Un griffage intempestif a cependant des motifs distincts et plusieurs significations. Lorsque plusieurs pièces et différents meubles sont attaqués par des griffades, le chat marque ainsi son territoire : il révèle des problèmes de socialisation ou bien une difficulté à trouver un équilibre dans son nouvel espace. Par contre, des traces, souvent accompagnées de morsures et se concentrant sur un seul meuble, s'adressent uniquement à un animal qui est passé à cet endroit précis, et dont l'odeur persiste.

H comme Hyperactivité

L'hyperactivité peut se manifester durant des périodes précises, notamment la nuit, ou de manière continue. Le chat présente alors une activité surabondante et très désordonnée. Il a tendance à courir et à sauter sans répit, incapable de se poser au calme ou de faire sa toilette. Outre un comportement héréditaire, ce type de manifestation peut souligner une intolérance à l'enfermement ou aux contraintes de son nouveau foyer.

M comme Malpropreté

Il s'agit du principal motif de consultation pour un chat auprès d'un comportementaliste. Avant tout, il ne faut pas perdre de vue que le félin utilise le marquage urinaire comme un véritable moyen de communication. En urinant hors de sa litière, il exprime une tension et réaffirme son territoire. La présence d'autres animaux, la solitude, ou même une litière inadaptée peuvent induire ce type de comportement. En outre, si la malpropreté n'a pas la même signification chez le chaton que chez le chat âgé, elle est toujours occasionnée par un stress. Dans tous les cas, rappelez-vous que la punition pure et simple ne peut être comprise par le chat qui agit simplement par instinct. Une visite chez un spécialiste est plus à même de résoudre cette gêne.

P comme Peur de l'humain

Certains chats manifestent une véritable peur phobique à l'égard des êtres humains, et d'accepter la compagnie exclusive des personnes de son foyer. Face à des enfants ou à des femmes, par exemple, certains chats vont fuir ou même tenter de les agresser. Pour apaiser cette peur, il ne faut pas hésiter à multiplier les contacts et surtout à les récompenser. Le vétérinaire peut éventuellement prescrire des anxiolytiques pour diminuer l'angoisse.

S comme Sommeil

On parle d'inversion du rythme veille/sommeil lorsque le chaton joue tandis que toute la maisonnée est endormie. L'activité nocturne n'est pas rare chez le félin, mais elle reste difficile à gérer pour les maîtres au quotidien… Ce rythme inversé touche plus souvent les chats qui vivent exclusivement en intérieur. Un comportementaliste saura conseiller les maîtres pour casser cette fâcheuse habitude.

Mon chat est un mâle

Votre chat n'arrête pas de miauler et se frotte contre vous. Il semble que la saison des amours soit de retour ! Comment se comporter avec lui ? Des conseils pour que votre vie et celle de votre animal se déroulent dans le meilleur des mondes possibles.

Comment se comporte un chat mâle ?

C'est entre 8 et 10 mois que le chat mâle peut féconder un chat femelle. Lors de la saison des amours, les chats mâles sont extrêmement réceptifs aux phéromones et aux cris des chats femelles, ce qui a pour conséquence une augmentation de leur production d'hormones. Leur comportement est alors complètement bouleversé : ils marquent volontiers leur territoire et leur urine dégage une odeur beaucoup plus prononcée.

Mon chat a l'air complètement fou. Que se passe-t-il ?

C'est l'amour ! Les hormones provoquent un dérèglement comportemental beaucoup plus important que chez les chats femelles. Il devient complètement fou, peut parfois s'oublier, ou uriner en dehors de sa litière. Il arrive même que les chats les plus jeunes se comportent de manière dangereuse, par exemple en sautant dans le vide ou en traversant une route sans regarder.

Plus la castration est réalisée tôt, plus elle aura d'effet sur le comportement du chat

Mon chat n'arrête pas de vouloir sortir, mais j'habite dans un immeuble. Comment faire?

Tout dépend de l'étage auquel vous habitez. Si vous habitez au dernier étage, il est préférable de barricader les issues vers l'extérieur. Protégez aussi les meubles et rideaux et optez pour des jouets qui permettront au chat de défouler son trop-plein d'énergie. Si vous habitez dans les premiers étages, vous pouvez ouvrir les fenêtres si votre chat a l'habitude de sortir.

Existe-t-il des contraceptifs pour le chat mâle?

Malheureusement non. Lorsqu'un chat mâle est trop agressif, et qu'il cohabite avec un chat femelle dans la même maison, il est préférable de le faire castrer pour éviter les portées à répétition. Cette opération très simple, sûre et indolore consiste à retirer à votre animal ses testicules et à lui interdire toute progéniture.

Comment se déroule la castration du chat?

Cette opération influe grandement sur le caractère de votre chat : il sera à la fois plus doux et affectueux mais aussi enclin à prendre du poids et moins dynamique. Il sera aussi beaucoup plus casanier et jouera moins souvent. Vous pouvez lui offrir des jouets et passer plus de temps avec lui afin qu'il ne déprime pas.

Mon chat se bat avec les autres chats du quartier. Que se passe-t-il ?

C'est certainement l'aspect le plus connu de la parade amoureuse des chats. D'une extrême violence, elle est l'un des rites de passage obligatoire pour un jeune chat vers le statut de chat adulte. Votre chat doit prouver à sa future conquête qu'il est méritant et à même de lui donner une belle progéniture. Les luttes sont sans merci, très bruyantes, chacun des deux chats mâles essayant de prouver au mieux son courage et sa détermination. C'est généralement lors de cette occasion que les chats récupèrent des cicatrices profondes (oreilles arrachées, morsures, et autres blessures du même acabit).

Mon chat pousse des cris bizarres. De quoi s'agit-il ?

Certaines régions de France appellent ces cris « raousser ». Il s'agit de miaulements très forts qui ressemblent comme deux gouttes d'eau à des cris de bébés. Ils sont poussés par les mâles pour attirer les femelles. Ils sont aussi à l'origine de bien des bagarres : les chats concurrents viennent attaquer les mâles qui poussent ses cris. Leur efficacité n'est pas très prouvée, les chattes choisissant le mâle en fonction de critères autres.

Un chat mâle a attaqué la portée de ma chatte. Pourquoi ?

Parfois, les chats considèrent comme une concurrence déloyale leurs chatons et décident de régler le problème par des moyens pour le moins expéditifs et peu galants. La chatte protégera sa portée, et se battra plutôt que de subir les attaques. Dans des cas rares mais qui existent, les chats mâles vont jusqu'à emmener les chatons et les tuer.

Plusieurs mâles se sont rassemblés autour de ma chatte. Que se passe-t-il ?

Fait peu connu, c'est bien la chatte qui choisit son partenaire.

Les chats mâles se mettent donc généralement en rond autour de la chatte et essaient par tous les moyens en leur possession de la séduire. Ils n'hésiteront donc pas à miauler, cracher, griffer, et siffler. Parfois, la confrontation dégénère en un combat généralisé.

Quel est l'âge idéal pour la castration?

Il n'y a pas d'âge idéal pour la castration. En revanche, plus la castration est réalisée tôt, plus elle aura d'effet sur le comportement du chat. Si vous faites castrer votre chat avant la puberté, cela aura pour conséquence de limiter son comportement de marquage de territoire (donc moins de marques d'urines partout dans la maison): il sera moins enclin à défendre son territoire. Dans tous les cas, vous devez à tout prix surveiller son régime alimentaire afin qu'il ne prenne pas trop de poids.

Le langage du chat

Miaulement, ronronnement, la queue qui se hérisse, de nombreux phénomènes expriment les sentiments de votre chat à votre égard ou face à son environnement. Quelques clés pour décrypter toutes les nuances d'expressions du langage de votre chat.

C comme Comportement de marquage

Il s'agit, pour le chat, d'utiliser des signaux chimiques et physiques pour créer son propre territoire mais aussi pour montrer ses émotions à ses congénères ou à son maître. Le chat possède trois types de marquages : urinaire, fécal et par friction de son pelage et de sa tête.

C comme Comportement de rencontre

Si des chats peuvent se toucher et se frotter les uns aux autres, les premières rencontres sont beaucoup plus chastes. Qu'ils partagent le même territoire ou n'habitent pas ensemble, les chats commencent par émettre de faibles cris difficilement audibles car émis pour la plupart la bouche fermée. Leur queue se dresse, les regards s'échangent. Ils peuvent ensuite rester l'un à côté de l'autre avant de s'en aller chacun de leur côté.

D comme Dilatation des pupilles

Le degré de dilatation des pupilles est un bon indicateur de l'état

> Les chats possèdent toute une gamme de postures, de cris et d'attitudes pour témoigner au mieux de leur état d'esprit

psychologique de votre chat. Si elles sont dilatées, c'est que votre chat subit un stress certain. Au contraire, si elles ne sont pas dilatées, cela signifie que votre chat est prêt à attaquer et qu'il vaut mieux le laisser tranquille.

E comme Étirements

Après chaque phase de sommeil, les chats étirent leurs membres. Attention, il ne faut pas confondre les étirements félins qui peuvent être suivis de griffures sur des surfaces horizontales ou verticales avec les phases de marquage du territoire.

J comme Joueur

Très demandeurs d'exercices, les chats adorent jouer, à condition bien sûr d'avoir de bonnes relations avec leurs congénères. Si pendant la petite enfance les jeux entre chatons sont un amusement et leur apprennent les gestes de leur vie d'adulte, les jeux entre chats plus âgés peuvent paraître parfois violents ou agressifs, mais sont parfaitement compris par les deux partenaires grâce à un système de communication très bien développé.

M comme Métacommunication

Il s'agit du système de postures ou d'expressions faciales qui permet d'ajouter une signification particulière à un événement. Si pour vous deux chats se battent, il se peut très bien que des signes aient été émis avant le début de l'affrontement pour signifier qu'il ne s'agissait que d'un jeu (ou au contraire d'une vraie dispute). Le chat pourra ainsi pencher sa tête, montrer ses dents, ouvrir la bouche pour bien signifier qu'il n'attacue par réellement son partenaire.

M comme Miaulement

Le miaulement est une vocalisation émise par les félins et notamment les félines. La transcription en onomatopée est « miaou » en français, et est reprise dans de nombreuses langues européennes et le mandarin. Le miaulement a plusieurs significations. Votre chat peut juste demander des caresses, vouloir jouer avec vous, être apeuré par un élément inconnu. Par contre, en vieillissant, le miaulement signifie plus souvent que votre chat est affamé ou assoiffé. Il peut aussi s'agir de désordres hormonaux qui ne peuvent être soignés que par l'intervention d'un vétérinaire. Un régime alimentaire adapté fournissant une certaine quantité de calories est conseillé et peut satisfaire votre chat tout en rétablissant son équilibre.

P comme Piloérection

Il s'agit de la manifestation d'une émotion brutale généralement signalée par le hérissement des poils sur tout le dos ou sur la queue de l'animal.

Q comme Quart d'heure de folie

Cette expression désigne un état de surexcitation passager, généralement dû à un manque d'exercices. Lorsque le maître rentre, il est alors fêté joyeusement par le chat qui produit alors une dose massive d'adrénaline.

R comme Ronronnement

Bien que très commun chez tous les chats domestiques (mais peu présents chez les chats sauvages), le ronronnement reste au final un mécanisme assez peu connu et étudié. Il semble donc que ce bruit si caractéristique soit dû à une contraction très rapide du muscle du larynx, qui aurait pour conséquence une compression de la glotte et une dilatation. Le bruit serait dû à la vibration de l'air. Les chats domestiques ont pour habitude de ronronner à une fréquence allant de 22 à 30 hertz. Le ronronnement chez le chat domestique adulte serait une néoténie liée à la domestication.

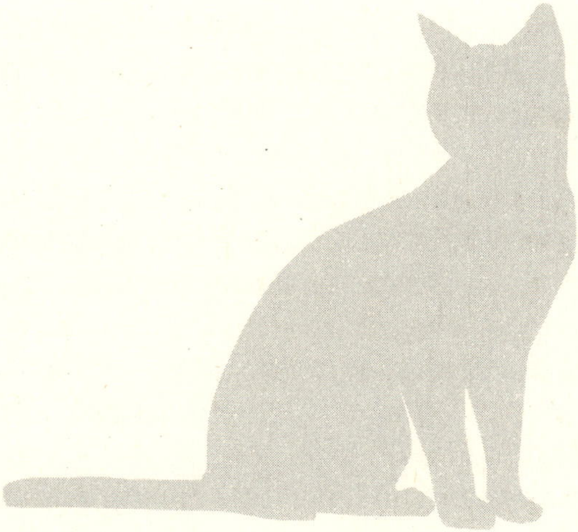

Mon chat à l'âge adulte

Votre chat n'arrête pas de se battre ou ne ronronne pas ? Il passe son temps à grignoter ou se cache sous votre lit ? Il ne boit jamais et a l'air déshydraté ? Autant de questions qui trouvent ici leurs réponses !

Quand et comment dois-je brosser mon chat ?

Tout dépend de la longueur de sa robe. S'il possède une robe à poils courts, un brossage hebdomadaire suffit. S'il possède une robe à poils longs, un brossage quotidien est conseillé : les brossages permettent d'enlever les poils morts qui généralement finissent dans l'estomac de votre animal et peuvent lui causer des troubles digestifs. Peignez la fourrure de votre animal dans le sens du poil. Si des poils sont emmêlés, vous pouvez les couper avec des ciseaux à bouts ronds.

Mon chat n'arrête pas de se battre. Pourquoi ?

Les conflits de territoire sont fréquents et votre chat doit prouver qu'il est le plus fort. Le gagnant du combat aura le droit de passage sur sa zone et pourra laisser les marques de son territoire. Un bon moyen pour limiter ses ardeurs à aller houspiller les chats des voisins est de stériliser votre animal. Les problèmes disparaîtront immédiatement.

Les chats n'aiment pas que l'on bouscule leurs habitudes

Mon chat miaule tout le temps. Pourquoi ?
Certaines races sont plus ou moins vocales (les siamois étant connus par exemple pour beaucoup parler) et auront donc tendance à miauler plus fréquemment, voire tout le temps. Les miaulements sont en priorité destinés aux humains. En fonction de sa longueur, de sa tonalité et de son intensité, vous pourrez facilement comprendre si votre chat réclame de la nourriture ou est malade.

Mon chat semble m'éviter... Pourquoi ?
Vous l'avez certainement réprimandé, et il vous signale qu'il n'a plus confiance en vous. L'indifférence est la réaction la plus basique quand il veut éviter un conflit (et cela vaut aussi pour les autres chats). Il ne faut pas disputer votre chat, mais plutôt lui faire comprendre que son comportement est déplacé en lui jetant de l'eau à la figure ou en lui soufflant dans les narines.

Mon chat ne ronronne pas. Est-ce grave ?
Pas forcément. Le ronronnement est principalement présent chez les chats domestiques. Certaines races possèdent un type de ronronnement quasi inaudible. Ce bruit si caractéristique est dû à une contraction très rapide du muscle du larynx, qui aurait pour conséquence une compression de la glotte et une dilatation.

Un chat retombe-t-il toujours sur ses pattes ?
Tout dépend de la hauteur du point de chute. Paradoxalement, cette étonnante faculté qui lui permet de se retourner en l'air

et d'atterrir sur ses quatre pattes est plus efficace si la hauteur est importante (car elle lui laisse tout simplement le temps de la réaliser, on compte une hauteur minimale de 1,50 mètre). Si le chat tombe la tête la première, il ne pourra malheureusement pas se retourner et risque de graves blessures. N'essayez surtout pas de tester ses capacités et surveillez vos enfants afin d'éviter toute blessure.

Mon chat laboure ma main ou le canapé. Pourquoi?
C'est un reste de l'enfance, lorsque votre chat pétrissait le corps de la mère lors de la tétée. Le chat peut continuer ce type de comportement lorsqu'il est particulièrement heureux et à l'aise. C'est une marque amicale qu'il ne faut surtout pas rejeter. Ce type de comportement peut avoir une connotation sexuelle notamment lors de la période des chaleurs de la chatte.

Mon chat mange 10 à 15 fois par jour! Est-ce normal?
Oui. Tout dépend cependant des quantités, mais les chats, s'ils en ont la possibilité, préfèrent grignoter plusieurs fois dans la journée de petites quantités. C'est un moyen pour eux d'adapter l'ingurgitation de la nourriture à leurs besoins énergétiques. Au final, le chat passe très peu de temps à manger dans une journée (à peine 20 minutes) car c'est un animal qui mastique très peu ses aliments et les déglutit rapidement (cela peut d'ailleurs le forcer à réingurgiter des aliments trop vite avalés).

Mon chat se cache sous le lit. Pourquoi?
Cela arrive fréquemment quand un intrus débarque dans le territoire de votre animal. Les chats considèrent immédiatement comme un danger potentiel l'arrivée d'une nouveauté. Un tel comportement peut aussi survenir lors du passage de l'aspirateur ou d'une activité qui stresse et terrorise votre animal.

Mon chat a l'air déshydraté mais il ne boit pas. Pourquoi ?

Car les chats ont une très mauvaise connaissance des besoins en liquides de leur propre corps. Bizarrement, votre animal n'aura pas forcément le réflexe de boire alors qu'il est évident qu'il est en état de déshydratation avancé. Il ne faut surtout pas changer son type d'alimentation brusquement. Si vous lui donnez une nourriture humide, ne lui donnez pas du jour au lendemain des rations de croquettes, car il ne remarquera pas que ses apports en eau ont fortement diminué.

Le comportement

Riches et complexes, les comportements du chat peuvent rapidement devenir compliqués à comprendre si vous ne prenez pas la peine d'en apprendre les signes distinctifs. Petit cours accéléré.

A comme Agressif

Il y a plusieurs raisons qui peuvent mener à un comportement agressif : la peur ou bien la surexcitation produite par un jeu. Demandez conseil à votre vétérinaire si votre chat est agressif envers vous ou votre famille.

A comme Allotoilettage

Comme l'allomarquage, un chat peut réaliser la toilette d'un autre chat. Il s'agit de la marque d'une filiation ou d'une relation sociale forte entre deux chats qui se considèrent comme appartenant à un même groupe social.

B comme Bagarre

Il est normal que votre chat se bagarre avec celui de votre voisin, ceci arrive bien souvent à cause du territoire. Il est bien d'en parler avec le propriétaire de l'autre chat, afin de se mettre d'accord sur les heures de sortie de chacun des chats ou alors d'installer des clôtures ou des séparations.

> Si le chat est depuis longtemps domestiqué par l'homme, il n'en reste pas moins un prédateur

C comme Cachette

Si votre chat se cache régulièrement, c'est qu'il se sent menacé. C'est une réaction naturelle, il faut lui laisser le temps de se familiariser, en lui laissant à proximité une cachette.

C comme Caresse

Si votre chat aime votre contact, cela n'empêche pas quelques règles élémentaires de bonne conduite. Ne forcez jamais un chat à recevoir une caresse qu'il ne veut pas (en particulier pendant des moments critiques, lors des repas par exemple). Il faut toujours partir soit de la tête soit du dos mais dans le sens du poil ! Vous pouvez aussi lui gratter en dessous du cou s'il paraît à l'aise. Évitez bien entendu tout geste brusque et arrêtez toute caresse si vous remarquez que sa queue se dresse ou que ses pupilles se dilatent. Les chats, s'ils sont câlins, n'en restent pas moins indépendants.

C comme Chasse

C'est l'un des instincts primaires du chat. S'il est depuis longtemps domestiqué par l'homme, il n'en reste pas moins un prédateur qui a conservé ses pulsions de chasseur. La chasse peut faire partie des rites d'initiation donnés par sa mère à ses petits.

E comme Enclos à chat

Utile lors de la présentation de nouveaux chatons à votre chat. Placés à l'intérieur, ces derniers ne pourront s'échapper et seront protégés si votre chat les attaque.

F comme Folie

Parfois, les chats se précipitent dans la maison, comme s'ils étaient poursuivis. Ils bondissent, grattent, sautent, courent dans tous les sens. Certains chats donnent ainsi suite à leurs frustrations, à leurs instincts de félins. Cela est normal, et peut être favorisé par les herbes à chat. Sachez que les chats s'assagissent avec l'âge.

G comme Grattage des meubles

Observer les endroits des meubles où votre animal se fait les griffes. C'est un comportement naturel, auquel il faut répondre en lui procurant l'accessoire approprié (un arbre à chat, par exemple).

G comme Grossesse nerveuse

État d'une chatte montrant des signes de grossesse après un accouplement non fertile. Il est vivement conseillé de se rendre alors chez le vétérinaire : un traitement permettra de revenir à la normale.

H comme Harnais

Il empêche votre chat de trop s'éloigner et de se perdre, lors d'un déménagement, par exemple.

M comme Miction

Phase pendant laquelle votre chat gratte le sol et essaie de creuser un trou afin d'enfouir ses excréments avant de les recouvrir de terre. La phase de miction est obligatoire pour déclencher la sortie des excréments.

T comme Tapis

C'est un problème récurrent. Les jeunes chats aiment tirer les fils des tapis de sol. La solution est de canaliser ce trop-plein d'énergie. Un arbre à chat lui permettra de faire ses griffes.

Des jeux à ficelles sont aussi conseillés. Si vous voyez votre chat attaquer votre tapis, un simple ordre doit l'arrêter.

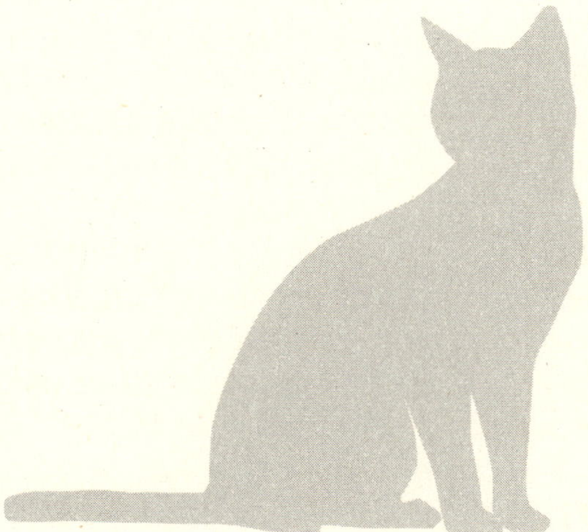

Le langage du chat

Devenu adulte, votre chat semble se comporter comme un véritable humain, doté d'un caractère affirmé et bien trempé. Il est parfois bon de connaître son langage afin de décoder toutes les nuances de ses expressions.

Comme pour les êtres humains, les chats possèdent toute une gamme de postures, de cris et d'attitudes pour témoigner au mieux de leur état d'esprit. Attention, il faut souvent analyser l'ensemble du comportement de votre chat, avant d'en tirer une conclusion. Un ronronnement peut parfois signifier que votre chat est content, mais il peut aussi expliquer une certaine inquiétude s'il est combiné à d'autres éléments.

Un comédien né

Regarder un chat pendant un certain temps donne parfois l'impression que c'est un comédien né (ou qu'il est un brin schizophrène) : il a la possibilité de changer de mimique et de passer d'une expression à l'autre à une vitesse dépassant toute concurrence. Un état de fait dû, en partie, à une sensibilité à son environnement extérieur extrêmement fine et subtile. Qu'il s'agisse de son odorat, de son ouïe, ou de sa vue, votre animal de compagnie est doté de très bons senseurs qu'il utilise aussi pour vous signifier son humeur du jour. Trois caractéristiques de son

> Le mouvement des oreilles est un excellent signe de communication

visage vous permettront d'en savoir plus. Tout d'abord, le degré de dilatation des pupilles sera un bon indicateur de l'état de votre chat. Si elles sont dilatées, c'est que votre chat subit un stress certain, si elles ne le sont pas, elles signifient que votre chat est prêt à attaquer et qu'il vaut mieux le laisser tranquille. La dilatation des pupilles n'est pas forcément le moyen le plus facile pour se rendre compte de l'humeur de votre chat. Ses oreilles se révèlent un bien meilleur signe de son état d'esprit.

En avant toute

Votre chat possède, en effet, la capacité assez rare de pouvoir bouger ses petites oreilles dans absolument tous les sens. Si les oreilles sont à l'état de repos, bien droites, pas de doute à avoir : votre chat est calme et peut recevoir une caresse sans risque de griffures. Au contraire, si l'une de ses oreilles est orientée dans une certaine direction, c'est qu'il est en train de rechercher des informations sur un événement en cours. Il est donc préférable de le laisser tranquille. Si votre chat a orienté ses deux oreilles vers l'avant, c'est qu'il a trouvé la source de ce qu'il cherchait. Cela peut être aussi bien un signe d'agression à venir mais aussi de jeu ! Enfin, si votre animal de compagnie a aplati ses oreilles sur le crâne, renforçant ainsi l'effet bombé et rond de sa tête, il faut faire très attention : votre chat a senti un danger et s'apprête à riposter. Lui poser la main pour essayer de le calmer serait immédiatement suivi d'une belle balafre. Et si en plus, il a aplati son corps contre le sol avec sa queue entre les pattes, laissez-le absolument tranquille si vous ne voulez pas devenir l'innocente victime de son courroux.

Oh mes belles moustaches

Appelées aussi vibrisses, les moustaches de votre chat sont constituées de quatre rangées de quatre gros poils. Très sensibles, elles lui permettent de se repérer dans l'espace, d'ajuster si besoin est son équilibre, mais aussi d'exprimer ses sentiments à l'égard de sa cible ou d'autres chats. Si la grande majorité du temps, les moustaches sont au stade de repos, elles s'activent quand votre chat devient joueur ou chasseur. Elles se dirigent ainsi en arc de cercle vers le centre d'intérêt du chat, réalisant une sorte de scan de son environnement et lui donnant des informations très précises sur ce qui l'entoure et sur l'objet de ses recherches. Une fois lancé à la poursuite de sa cible ou du chat avec lequel il veut jouer, le chat replie naturellement ses moustaches sur son visage. C'est pour cette raison qu'il ne faut absolument pas arracher les pauvres moustaches de votre chat, mais mieux attendre le moment où elles tomberont naturellement !

Miaule trop

Un chat miaulera principalement en votre présence. Certaines races miaulent beaucoup plus que d'autres (siamois, races orientales...). Le miaulement permet au chat de s'accaparer votre attention. Il veut des caresses ou des aliments. S'il miaule la nuit, laissez votre chat avec de la nourriture, des jouets ou une litière. Attention, certaines races de chat ont une disposition plus grande à miauler, parfois même pendant toute la journée.

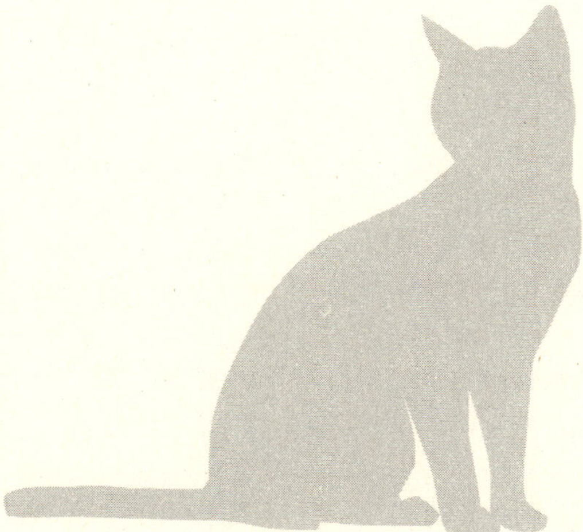

Un chat adulte

Opter pour un chat adulte, c'est souvent faire une bonne action. Le chat a peut-être subi de mauvais traitements et il aura besoin d'un maître aimant et patient pour lui apprendre à vivre dans son nouveau foyer. Si vous le pouvez, renseignez-vous sur le passé du chat, son caractère, afin qu'il corresponde à vos attentes.

Période d'empreinte

Dès sa deuxième semaine, le cerveau du chaton s'imprègne d'informations décisives pour le reste de sa vie. Il reçoit des stimuli de sa mère, mais doit aussi s'accoutumer à notre existence. Il est conseillé de l'habituer tôt au contact humain et aux bruits du quotidien (télé, voix) de manière douce et progressive.

Anticiper les besoins

Il faut observer le chaton lorsqu'il vient de manger ou de se réveiller. C'est souvent à ce moment-là qu'il a envie de faire ses besoins. Au moindre soupçon, placez-le dans le bac. N'hésitez pas à caresser son ventre vers la région anale avec une serviette humide et chaude. Cela va l'aider à évacuer ses excréments.

Manifestation de joie

Certains miaulements peuvent être des manifestations de son contentement. Ainsi, un miaulement plutôt aigu, qui tourne en boucle avec un temps réduit entre les miaulements, peut signifier qu'il est joyeux. Il trouve la situation excitante et manifeste sa joie et son plaisir.

Je veux

Vous remarquez tout de suite lorsque votre chat vous réclame quelque chose. Il emploie un ton plus ferme et insistant. Si vous n'exécutez pas son désir de manger ou de sortir dans les minutes qui suivent, il peut redoubler l'intensité de ses miaulements. Le son se fera plus grave s'il est en colère.

Bienvenue !

Un chat aime accueillir ses maîtres. Il guette souvent à la fenêtre lorsqu'il entend nos pas dans le couloir ou le bruit de la voiture. Il vous souhaite la bienvenue en arrivant face à vous, la queue droite et relevée et se frotte à vos jambes. Cela prouve qu'il est attaché à vous, qu'il vous estime.

Menaces

Cela se voit tout de suite lorsque le chat est en position d'attaque. Il crache, siffle et grogne. Il sort aussi un bruit spécial que l'on appelle le « feule ». Un son fort qu'il émet comme un souffle avec la gueule ouverte. Il produit ces sons lorsqu'il est très énervé ou pour se protéger quand il a peur.

Sérénade

Il n'y a pas que les pigeons qui roucoulent. Le chat peut aussi être un poète à ses heures. Lorsqu'il est amoureux ou en bonne compagnie, il peut émettre un roucoulement qui se veut amical et attendrissant. C'est souvent le cas lorsqu'il veut attirer un chat de l'autre sexe.

Je t'en veux !

Il est possible que le chat urine ou défèque pour manifester une rancœur suite à l'arrivée d'un autre chat ou même d'un bébé. Cette situation est très rare, mais il arrive qu'il le fasse aussi après une grosse réprimande.

Symptômes de base

Il faut être attentif à tout changement de comportement pour détecter un problème de santé. Si votre chat perd du poids ou perd l'appétit, s'il boit beaucoup plus d'eau que d'habitude, s'il a des vomissements ou des diarrhées, s'il a tendance à dormir plus qu'à l'accoutumée, s'il se cache de vous ou devient agressif.

Merci
Un chat qui affectionne son maître aime lui faire des cadeaux. Ainsi vous pourriez un jour vous retrouver face à un oiseau mort ou un petit rongeur. Il le dépose souvent au pied d'une porte. Cela peut être l'entrée de votre chambre. S'il l'a encore dans la gueule, remerciez-le et jetez l'animal quand il a le dos tourné.

J'écoute
Mais la position de ses oreilles ne traduit pas toujours une humeur. Il peut aussi écouter ce qu'il se passe autour de lui en positionnant ses oreilles droites vers l'avant. Cela peut même lui arriver lorsqu'il s'assoupit. C'est une manière d'être toujours à l'écoute en cas de danger ou par simple curiosité.

Tu es chez moi
Le félin peut marquer de différentes manières les limites de son territoire. Il en existe trois : l'urine, les griffades et le frottement de son pelage. Il laisse alors une empreinte olfactive avec ses glandes mais aussi visuelle lorsqu'il griffe ou laisse des poils. C'est un signe que les autres chats repèrent sur le champ.

Ronron
Grand classique, le ronronnement est souvent le signe d'un bien-être chez le chat. Il manifeste ainsi son plaisir lors d'une séance de caresses. Le chat l'acquiert dès son plus jeune âge auprès de sa maman. Celle-ci l'émet pour bercer ses petits encore aveugles lors des 10 premiers jours.

Se rassurer
Le ronronnement peut aussi traduire un mal-être chez le félin. Il peut en effet l'utiliser lorsqu'il est en situation de stress ou de grande détresse. Cela l'aide à se calmer, se rassurer. Comme un humain le ferait dans une situation de choc ou de grand traumatisme.

Aide-moi

Un chat peut appeler à l'aide. Cela arrive lorsqu'il souffre réellement. Le miaulement est alors plus lent, parfois court, espacé et aigu. Ce son ressemble clairement à une plainte qu'il intensifie en vous regardant bien droit dans les yeux. Les chatons utilisent la même vocalise pour appeler leur mère.

Bonjour

Un miaulement peut être une simple salutation du chat. Lorsqu'il vous voit pour la première fois de la journée, vous croise dans la maison ou vous retrouve le soir après votre travail. C'est une manière polie et anodine de vous témoigner de l'intérêt, de dire qu'il vous a vu comme le ferait un simple bonjour.

Vocalises

Un chat peut s'exprimer par la voix. Il peut miauler, ronronner, siffler ou grogner. Son répertoire vocal comprend près de 20 vocalises chez un chat adulte et 10 pour un chaton. Ses miaulements sont à interpréter différemment selon leur intensité, leur tonalité et même leur durée.

Zut!

Ce petit son du chat est peu connu et pourtant vous avez sûrement déjà observé ce tic chez votre animal. Le chat peut traduire son sentiment de frustration avec une sorte de petit souffle saccadé suivi d'un claquement de dents. Il le fait lorsqu'il observe une proie à travers la fenêtre ou à une distance décourageante.

Phéromones

L'urine d'un chat ou même ses sécrétions glandaires sont pleines de phéromones. Cette odeur ne sert pas seulement à délimiter son territoire. C'est aussi pour dire qu'il se sent bien à la maison. L'absence de ces odeurs est stressante pour un chat. Cela arrive quand vous déplacez des meubles ou déménagez.

Les bases de la cohabitation

Accueillir son chat

Qu'il soit jeune ou âgé, votre chat doit être accueilli dans les meilleures conditions possibles, lors de son arrivée dans un environnement qu'il ne connaît pas. Nos conseils pour ne pas rater votre première rencontre.

Un félin est avant tout un animal anxieux qui n'aime pas beaucoup changer d'environnement. Il est donc préférable de lui épargner, en plus de la découverte de son nouveau domicile, celle de vos dix arrière-petits-cousins. Il est aussi déconseillé de créer l'environnement du chat en sa présence. Préférez retarder son arrivée tant que les différents emplacements clés (comme les coins repas, toilettes et jeux) ne sont pas prêts : votre chat n'appréciera que très moyennement de découvrir un environnement instable. Côté kit d'accueil, nous vous conseillons d'investir au moins dans une écuelle facilement lavable, une corbeille confortable qui passe si possible à la machine à laver et qui ne possède pas de matières synthétiques (matières connues pour stocker l'électricité statique et peu agréables pour les félins), un panier de transport et bien sûr, un bac de litière. Les jouets, herbes à chats et autres griffoirs pourront être ajoutés par la suite.

Un chat a besoin de calme pour s'habituer à son nouvel environnement

Un environnement réduit…

Un chat a comme premier réflexe de prendre possession de l'espace qui l'entoure. En fonction de son caractère et de son âge, il risque soit de se terrer sous le lit et d'attendre plusieurs heures avant d'en sortir, soit de courir dans tous les sens ! Plus votre chat est peureux, plus il doit être confiné dans un espace clos, où ses repères les plus courants et importants (repas, toilettes…) sont présents. Si vous habitez dans un grand appartement ou dans une maison à la campagne, n'ouvrez pas toutes les portes et laissez votre chat s'habituer tranquillement à son espace. Il ne faudrait tout de même pas provoquer une crise de stress aiguë dès son arrivée ! Une fois que vous constatez qu'il commence à prendre possession de son territoire (qui peut se stigmatiser par des marques de griffures), faites-lui découvrir le reste de votre domicile, tout en le surveillant bien afin d'éviter tout accident fâcheux.

… et tranquille

Si vous avez des enfants, profitez-en pour présenter vos petits chenapans à leur nouvel ami. Les règles de comportement sont là aussi strictes : tout doit se faire dans le plus grand calme. Pas de mouvements brusques, pas de tirages de queue intempestifs, voilà le cadre obligatoire d'une entente cordiale entre vos enfants et leur chat. Il est important de ne pas laisser un chat nouvellement arrivé dans votre domicile trop longtemps seul : il a besoin d'une présence humaine afin de ne pas se sentir perdu. Il est aussi hors de question de bouleverser son environnement : ne changez pas de place son coin repas. Si votre chat a du mal à s'habituer, il existe des sprays qui reproduisent, de manière synthétique, les phéromones de votre animal et qui permettent de le rassurer.

Un espace apprivoisé

Si les premiers jours, certains chats pleurent ou geignent, ne vous inquiétez surtout pas : c'est une réaction tout à fait normale, cela fait partie du processus d'appropriation de l'espace de votre félin. Rapidement, votre chat se sentira plus en confiance et accentuera les marques de son territoire : c'est là aussi une phase normale de la prise de possession de son nouveau territoire. C'est aussi un moyen très pratique de reconnaissance et de partage des différents espaces qui composent son nouvel environnement. En griffant vos meubles, en déposant du sébum facial sur les endroits qu'il connaît ou en urinant contre un pot, le chat se crée des parcours faciles à reconnaître et des marques de reconnaissance faciles à comprendre. Il utilise aussi ces différents langages pour marquer des endroits considérés comme plus dangereux, problématiques ou susceptibles de pouvoir l'intéresser.

Dormir avec son chat

Par expérience, nous vous déconseillons de laisser votre chat s'installer sur votre lit. Même s'il est tentant d'essayer de réconforter le chaton quand il pleure la nuit, c'est une très mauvaise idée car il ne voudra plus jamais partir et viendra continuellement vous embêter la nuit pour se faire une petite place dans votre couette. Le lit représente, en effet, un endroit très calme pour votre chat où il se sent en sécurité. Mais le laisser faire aboutirait à une situation catastrophique pour vous car il prendrait l'habitude de vous déranger pendant votre sommeil. Vos nuits en seraient plus que mouvementées.

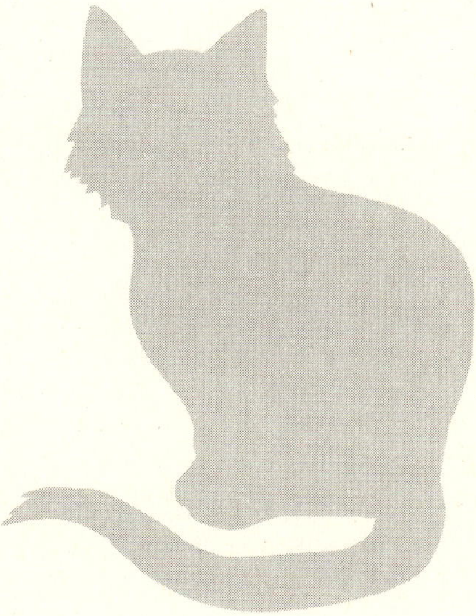

L'arrivée dans le foyer

Votre adorable boule de poils va faire son entrée dans votre foyer. Comment préparer son arrivée ? Quelle dispositions devez-vous prendre ? Comment le présenter aux autres membres de la maison ? Voici tout ce qu'il faut savoir.

J'ai préparé une grande fête pour l'arrivée de mon chat. Va-t-il apprécier ?

Non, pas du tout. Un chat a besoin de calme pour son arrivée dans une nouvelle demeure, car il s'agit d'un animal qui déteste voir ses habitudes changer. Oubliez donc les strass et les cotillons, laissez-lui découvrir son nouveau territoire calmement sans le brusquer ni le forcer à s'installer à un endroit qui vous semble plus intéressant.

Mon chat court dans tous les sens dans ma grande maison. Pourquoi ?

Car il ne possède plus du tout ses repères ! Le mieux est de le confiner dans son espace repos ou repas et de fermer les portes de toute la maison. La clé de la réussite d'un chat est d'y aller petit à petit. Une fois que votre animal se sera habitué à cette première pièce, il commencera par se frotter contre les meubles, déposant des marques de sébum et marquant ainsi son territoire. Une fois cette première phase achevée, vous pourrez ouvrir les autres portes et lui faire découvrir l'immensité de votre maison.

Mon chat semble complètement incapable de s'adapter à son nouvel environnement. Que faire?
Plus le chat est jeune, plus il aura des difficultés à s'adapter à son nouveau territoire, d'autant plus s'il vient d'être sevré et séparé de sa mère! Le temps d'adaptation sera donc plus long et nécessitera de votre part patience et abnégation. Si votre chat ne parvient vraiment pas à se faire à sa nouvelle habitation, vous pouvez acheter un spray (vendus chez votre vétérinaire ou en animalerie). Il apaisera chimiquement le chat en lui donnant l'impression qu'il connaît depuis longtemps le nouvel espace.

Mon chat pleure tout le temps. Est-ce normal?
Oui, votre chat est traumatisé, il est normal qu'il pleure ou qu'il geigne pendant la journée et pendant la nuit. Il doit réaliser un énorme effort pour s'approprier son nouveau territoire, ce qui peut aboutir à des réactions de peur, de stress ou d'angoisse.

Mon chat griffe tous mes meubles et urine sur mes pots de fleur. Au secours!
Vous n'avez pas de souci à vous faire, c'est tout à fait normal. Quand votre chat aura passé sa première phase de stress, il va commencer à se créer des chemins (les chats sont vraiment très casaniers et n'empruntent toujours que les mêmes voies). Pour s'y retrouver, il va laisser des marques des trois types: sébum facial, marques urinaires et ou fécales, griffures.

Mon chat a pris possession de mon lit. Que faire?

Erreur fatale, il est vraiment préférable de l'en faire partir le plus vite possible. Car si votre chat a pris pour habitude de dormir à un endroit précis, c'est pour la vie! Il est déconseillé de laisser un chat dormir sur votre lit. Il doit absolument apprendre à se passer de vous.

Mon chat pleure quand je rentre du travail. Pourquoi?

C'est parce que vous l'avez laissé seul toute la journée. Lors de l'arrivée du chat, il est extrêmement important qu'il sente une présence humaine dans sa nouvelle demeure. Même si vous n'êtes pas obligé de vous en occuper toutes les 5 minutes, essayez de jouer avec lui une dizaine de minutes par jour.

Mon chat n'aime pas son coin repas. Dois-je en changer la place?

Non. Plus vous changez de place les repères de votre chat, plus il aura de mal à trouver ses marques. Il est donc important de choisir des points stratégiques de votre appartement pour disposer le coin repas, le coin repos et le coin toilettes. Il est aussi primordial que ces différents espaces soit préparés avant l'arrivée du chat et non en sa présence.

Comment lui présenter mes autres chats?

En les laissant tranquillement se répartir les différents territoires. Cette répartition qui se réalise en fonction du statut social des différents félins : le chat dominant possédera le meilleur territoire tandis que le jeune chat ou le chat castré héritera des restes.

Comment lui présenter mes enfants?

Tout en douceur. En fonction de la race ou de l'origine de votre chat, cette rencontre peut plus ou moins bien se passer, les chats aimant très peu être bousculé par des éléments perturbateurs.

S'il est important que votre chat s'habitue rapidement à votre douce progéniture, il est aussi fondamental que vos enfants se comportent avec douceur avec leur nouvel animal.

Les espaces de A à Z

Coins repas, toilettes et repos, voici les trois espaces extrêmement importants pour les chats. Afin d'éviter tout conflit avec votre animal, voici quelques conseils afin de créer le repère idéal de votre félin.

B comme Bol

Les bols qui contiennent les liquides et la nourriture des chats doivent être lavés tous les jours : les félins ne supportent ni la saleté ni les liquides souillés et stagnants. Il est important que ce bol soit placé dans un endroit calme et que sa hauteur soit adaptée à votre animal : ni trop haut ni trop bas. Les matières plastiques sont à éviter car au fur et à mesure du temps, elles conservent l'odeur des aliments et peuvent empêcher les animaux de manger. Il est préférable d'utiliser un bol en céramique ou en inox. De plus, le bol doit être assez lourd pour ne pas bouger au moindre coup de patte. Si plusieurs chats cohabitent dans le même appartement, ils doivent chacun posséder leur propre bol.

C comme Coin repas

Le coin repas de votre chat reste l'un des repères fondamentaux de son territoire. Pour que votre animal s'y sente bien, cet espace très particulier doit suivre des règles très strictes

> Les chats ont besoin de beaucoup d'exercices, de griffoirs, de jouets

afin d'éviter toute déconvenue. Il doit se situer dans un endroit calme où il y a peu de passage : votre chat a conservé ses instincts d'animal sauvage et doit pouvoir fuir à tout moment s'il se sent menacé. Personne ne doit le déranger : les félins aiment être seuls afin de pouvoir surveiller les mouvements des animaux aux alentours. Ne mélangez donc pas les moments câlins et les pauses déjeuners ! Il doit aussi être éloigné du coin toilettes et être personnalisé pour chaque animal.

C comme Coin repos

Le chat aime les endroits surélevés (un vieil instinct de prédateur), laissez-lui donc choisir l'endroit de ses rêves. Cet animal ayant des phases de sommeil très courtes mais aussi très nombreuses ne doit pas être dérangé. Il est aussi déconseillé de changer la place de son coussin favori sous prétexte de lui donner plus de soleil, il déteste ça !

C comme Coin toilettes

Les chats sont naturellement connus pour leur légendaire propreté, passant plus de trois heures et demie par jour à se nettoyer. Une telle exigence est aussi nécessaire pour la préparation de l'espace toilettes de votre compagnon afin d'éviter tout problème. Il doit être éloigné du coin repas afin de bien différencier ces deux espaces. Il est impératif de changer fréquemment la litière (idéalement avant que les excréments remontent à la surface).

E comme Eau de Javel
En cas de mauvaises odeurs persistantes, l'eau de Javel est un produit miracle : non seulement elle assainit et désinfecte le bac de votre chat mais, en plus, elle est un attractif très intéressant pour votre animal qui viendra immédiatement réaliser ses besoins là où il sent ce parfum si caractéristique. Attention, il faut absolument utiliser l'eau de Javel très diluée, elle reste un produit très toxique pour votre chat !

G comme Griffoir
Si votre chat a l'habitude de faire ses griffes sur vos rideaux ou sur vos fauteuils, vous pouvez disposer aux emplacements stratégiques des petits griffoirs (il en existe de toute taille) qui permettront aux chats de marquer leur territoire sans pour autant abîmer votre mobilier ! Il existe également des répulsifs pour chat à pulvériser sur les objets que votre chat abîme. Cela peut se révéler pratique pour conserver vos meubles !

J comme Jeu
Les chats ont besoin d'exercice. Amusez-vous à cacher un peu de nourriture, lui créer un magnifique ballon de football en froissant une feuille de papier ou en lui achetant des jouets dans les animaleries spécialisées. Évitez aussi les arbres à chats trop grands et les jeux dangereux.

L comme Litière
De nombreux types de litières existent à des prix allant du simple au double. L'idéal est une litière agglomérante si votre chat l'accepte : ce type de litière a l'avantage d'attraper et de conserver les mauvaises odeurs bien plus longtemps que ses concurrentes. Autre avantage indéniable, elle ne produit que peu de poussière grâce à une granulométrie adaptée et permet aux chats plus sensibles de ne pas tomber malades.

T comme Toilettes

Pour déféquer, votre chat commence par une phase où il gratte le sol, tente de creuser un trou où il va enfouir ses excréments. Si cette phase - que sa mère lui apprend petit - est rendue impossible (terre trop dure, litière sale), il risque de faire ses besoins en dehors de l'endroit approprié. Il est donc conseillé de disposer une litière relativement épaisse (un minimum de 4 cm d'épaisseur) dans un bac lavable aisément et facilement accessible (environ 25 à 35 cm de largeur pour une longueur d'une quarantaine de centimètres). Choisissez un bac ouvert car les bacs fermés ont la fâcheuse tendance d'empêcher le chat d'observer ses alentours… Qui plus est, la porte peut être une gêne chez certains chats.

La vie à l'extérieur

De l'herbe par-ci, un arbre par-là... un félin apprécie la vie en dehors de la maison. Prenez des précautions et anticipez les dangers extérieurs.

Mon chat gratte la fenêtre. Que dois-je comprendre?

Contrairement aux chiens, ce comportement ne signifie pas forcément qu'il souhaite aller faire ses besoins dehors! Le chat est naturellement un prédateur et aime les objets ou les animaux en mouvement. Par ce geste, il tente de reproduire un acte de prédation et fait semblent d'attraper l'animal qui bouge à l'extérieur de votre maison ou appartement.

J'habite dans un appartement. Puis-je laisser mon chat sur le balcon?

Oui, à condition de l'attacher par une laisse coulissante. Les chats sont des animaux joueurs et ne tardent pas à grimper là où ils ne devraient pas. Afin d'éviter tout désagrément au retour de votre travail, ou toute escapade qui pourrait rapidement se révéler dangereuse, mieux vaut l'attacher ou installer un fin grillage. Si l'installation est trop contraignante ou impossible car vous n'êtes pas propriétaire des lieux, il est préférable de laisser votre chat à l'intérieur.

Les chatières peuvent être couplées à un bracelet électronique pour éviter l'intrusion d'autres animaux

J'habite à la campagne. Quelles sont les précautions à prendre ?

Le monde extérieur (votre jardin ou le voisinage) est de loin l'espace le plus dangereux pour votre chat. Qu'il s'agisse des intoxications alimentaires, des infections, des virus et des autres animaux, les risques sont immenses. Ce n'est bien sûr pas une raison pour ne pas laisser votre chat sortir. Vérifiez tout d'abord que toutes ses vaccinations sont bien à jour, que son identification est bien réalisée. Enfin, pensez à stériliser votre chat, cela vous évitera bien de mauvaises surprises !

Comment installer une chatière ?

Certainement le moyen le plus pratique pour laisser votre chat sortir quand il a en envie, les chatières doivent être couplées à un système de bracelet électronique. Ainsi tous les animaux autres que votre chat ne rentreront pas dans votre maison. L'idéal est d'installer les chatières dans une pièce froide de la maison ou des endroits peu passants afin d'éviter tout courant d'air superflu.

Mon chat a ramené une souris ! Que faire ?

Surtout ne le grondez pas ! Les chats sont naturellement chasseurs et peuvent ramener à leur maître leurs innocentes petites victimes afin de leur témoigner de la gratitude. Si la proie est encore vivante, essayez d'attirer votre chat et relâchez-la. Attention, l'activité de chasse n'est aucunement liée à une sous-alimentation. Pas la peine donc d'augmenter la dose de nourriture !

Plusieurs chats semblent se rassembler au même endroit… Que se passe-t-il ?

Il s'agit d'un comportement très particulier des chats, que l'on appelle les « ronds de chats » et qui délimite une zone considérée comme neutre ou commune où différents chats vont se rencontrer. Cette interaction sociale peut se limiter seulement à être assis ou couché près d'un de ses voisins. Peu d'informations sur ce phénomène sont disponibles.

Nous déménageons. Comment faire ?

Malheureusement, il est nécessaire de tout recommencer comme si votre chat venait d'arriver dans votre nouvelle maison. Commencez par réduire l'espace de votre animal afin de lui laisser découvrir une petite portion de son nouveau territoire. Quand il commence à se frotter contre les meubles, c'est gagné ! Vous pouvez alors lui faire découvrir le reste de la maison.

Nous partons en vacances. Comment faire ?

Pour que votre voyage se passe bien, cuisinez un repas très léger pour votre animal la veille de votre départ. Préparez ensuite la boîte de transport en vaporisant un spray afin de le calmer. En cas de mal des transports, demandez à votre vétérinaire des antinauséeux légers voire des somnifères.

Aménager les espaces jeux

Très joueurs, les chats adorent s'amuser avec tout ce qui traîne. Afin d'éviter de détériorer votre appartement ou votre maison, il est préférable de créer différents espaces dédiés aux badineries de votre animal préféré.

Deux éléments fondamentaux sont à prendre en compte dans la vie de votre chat. D'une part, son besoin irrémédiable d'avoir des objets à griffer près de lui : il n'est pas seulement question « de se faire les griffes », mais bien de marquer son territoire. Le griffage fait partie du langage du chat : des hormones créées par ses pattes sont déposées et servent de messages délivrés aux autres animaux. D'autre part, la nécessité absolue pour votre chat de se dépenser. Il est important de lui offrir des amusements afin qu'il puisse évacuer toute son énergie. De nombreux troubles du comportement sont la conséquence d'une vie trop monotone. Si votre chat passe sa journée seul, il risque non seulement de s'ennuyer, mais de vous le faire comprendre à votre retour en se comportant comme une vraie furie !

Les griffoirs

Le chaton a pour habitude de griffer de manière complètement désordonnée. Un comportement qui a tendance à disparaître à la puberté : votre chat griffera soit de manière horizontale soit de manière verticale (pour la grande majorité) pour marquer son territoire. Une fois cette activité stabilisée, il est bon d'offrir à votre chat quelques exutoires autres que les fauteuils de votre salon. Mieux vaut placer des griffoirs aux différents endroits où il a l'habitude de se reposer : quand il se réveille, il aime s'étendre… et griffer afin de marquer à nouveau son territoire. Si votre animal continue de saccager les accoudoirs de vos fauteuils, passez à la vitesse supérieure. Collez près de votre fauteuil des feuilles en plastique : votre chat déteste ce type de matière et s'éloignera quasi automatiquement de son ancienne victime. Du côté des griffoirs, si votre félin préféré a du mal à s'habituer à leur présence, vous pouvez toujours frotter de l'huile d'olive ou de la valériane sur ces supports : le chat, aimant particulièrement ces odeurs, viendra instantanément. S'il est toujours retors, il existe des phéromones de synthèse en spray très pratiques pour attirer et séduire votre compagnon.

Les jeux

Le chat a besoin d'exercices mais pas n'importe lesquels. S'il risque de vous regarder d'un air agacé à chaque fois que vous lui montrez votre souris mécanique mal imitée et à moitié détraquée, il sera beaucoup plus intéressé par un simple fil de laine ou un flocon de polystyrène. La simplicité a parfois du bon tant qu'il peut entraîner ses réflexes de prédateur. De la rapidité à la précision, en passant par la sagacité, ce sont toutes les qualités naturelles de votre chat qui doivent être travaillées : vous pouvez vous amuser à cacher un peu de nourriture, lui créer un ballon en froissant une feuille de papier (attention, plastique et aluminium sont à éviter) ou lui acheter des jouets dans les animaleries spécialisées. Le maître mot de tous ces jouets est : « De l'exercice, nom d'un chat ! »

De la nouveauté

À noter que s'il y a bien un domaine où les chats détestent la répétition (pour une fois), c'est bien celui des jeux. Changez fréquemment de jouets ou de types de loisirs afin de ne pas ennuyer votre animal, l'idéal restant un grand carton avec tous ses jouets à l'intérieur. Attention aussi de ne pas choisir de jeux dangereux : en dehors des perchoirs et autres griffoirs mal fixés, votre chat (surtout s'il est encore petit) aura tôt fait de détacher une particule dangereuse de son jouet pour l'avaler. Évitez aussi les arbres à chats trop grands : s'il est bien connu que les chats retombent toujours sur leurs pattes, ils se blesseront moins souvent s'ils tombent de haut.

Les rideaux

Les chats, particulièrement de race, aiment jouer à ce jeu. Il permet de satisfaire son besoin en énergie et son envie naturelle de gambader dans des espaces moins confinés que ceux d'appartement exigus. Inutile de le punir, procurez-lui un espace où jouer (jeux, arbres…). Vous pouvez aussi décrocher les rideaux, afin que votre chat tombe lorsqu'il s'essaie à cette pratique. Mais une variété de jeux encouragera votre chat à ne pas grimper sur vos rideaux.

Le territoire de A à Z

Contrairement au chien, le chat suit des règles très strictes quant à la constitution de son territoire. Des règles qu'il ne vaut mieux pas enfreindre sous peine de le brusquer ou de le traumatiser. Explications.

A comme Allomarquage

Acte de marquage qui est orienté vers un autre individu. Contrairement à un marquage de territoire, l'allomarquage fait partie des comportements sociaux habituels entre chats de la même race, de la même espèce ou se considérant comme ayant un lien de filiation. Attention, il s'agit d'un comportement orienté et non réciproque : un chat est le marqueur, l'autre le marqué.

C comme calme

Le chat n'aime pas être dérangé quand il mange ou quand il fait ses besoins car il aime surveiller son environnement afin de se protéger contre toute attaque possible. Il faut donc choisir des endroits calmes peu passants et éloignés des ustensiles ménagers qui peuvent produire beaucoup de bruit (comme une machine à laver, une télévision).

C comme Colocation

Si vous accueillez un deuxième chat dans votre appartement

> Les chats se répartissent leur territoire en fonction du statut social établi

ou votre maison, les deux congénères établiront naturellement leur territoire respectif ainsi que les zones neutres où ils pourront se rencontrer.

C comme Conflit de territoire
Lorsque deux chats mâles se rencontrent, il peut rapidement et sûrement y avoir un conflit de voisinage. Pour éviter tout incident avec le chat du voisin, il est plus facile de matérialiser le territoire de chacun des deux animaux par des obstacles, grilles…

D comme Défense de territoire
Votre chat n'hésitera pas une seconde à protéger son territoire en cas d'intrusion ennemie. Ce sont les chats femelles qui sont les plus agressives et attaquent l'intrus sans aucune hésitation.

F comme Frictions
C'est un moyen très pratique pour marquer son territoire : le chat frotte sa joue contre les meubles et dépose ainsi une matière collante (du sébum) afin de marquer les limites stratégiques de son environnement.

G comme Griffage
Le griffage permet au chat de marquer son territoire : en plus des marques évidentes de son passage sont déposées des hormones créées par ses pieds qui servent de messages délivrés aux autres animaux sur leur arrivée sur un territoire conquis.

M comme Marquage fécal

Dépôt de matière fécale sur les surfaces horizontales. Contrairement à la toilette, le chat ne recouvrira pas ses excréments mais les laissera au contraire bien en vue afin de marquer son territoire de manière plus prononcée. Le marquage fécal est loin d'être d'une obligation et peut témoigner d'une situation stressante ou d'une crise d'anxiété.

M comme Marquage urinaire

Le chat dépose de petits jets d'urines, essentiellement sur des surfaces verticales. Le chat tente de se mettre debout et dirige son jet d'urine sur l'endroit à marquer. Il essaie dans la mesure du possible à la déposer à la hauteur du visage des autres chats.

P comme Parcours

Les chats sont casaniers, ils adorent prendre et reprendre les mêmes chemins. Un moyen bien pratique pour ne pas se faire voir et se faire attraper par un prédateur potentiel : le félin aime les parcours cachés (haies, murs) qui lui offrent une protection efficace.

P comme Partage de territoire

Quand deux chats partagent le même territoire, ils peuvent très bien se mettre d'accord pour établir des règles de bonne conduite : ainsi, vous pourrez remarquer que votre chat emprunte toujours le même chemin le matin tandis que le chat du voisin l'utilise le soir. À l'identique, les zones de chasse, si elles sont grandes, peuvent être communes. La hiérarchie prévaut aussi : un chat dominant décidera plus facilement des droits de passage de chacun.

Partir en vacances ou en week-end

Vous n'avez trouvé personne pour garder votre animal de compagnie préféré le temps d'un week-end ? Qu'à cela ne tienne, vous pouvez parfaitement partir en vacances avec votre chat. À condition de prendre quelques précautions...

C'est décidé : vous emmenez votre chat avec vous. Une seule règle pour profiter d'un voyage sans encombre : la patience ! Peu habitué aux voyages, votre chat sera immédiatement stressé au point peut-être d'attraper le mal des transports...

En voiture !

C'est le moyen de locomotion le plus facile à présenter à son chat. Le plus pratique reste encore d'habituer votre animal, dès son plus jeune âge, à de courtes balades motorisées. Avant de traverser la moitié de la France, il est préférable qu'il se soit habitué dès 2 ou 3 mois à être en cage de transport. Dans tous les cas, mieux vaut lui offrir un repas léger la veille du départ et le forcer à aller faire ses besoins. Concernant la boîte de transport, pensez à bien la caler au fond d'un siège et à la bloquer avec la ceinture pour éviter les dégringolades intempestives. S'il est sujet aux nausées, demandez à votre vétérinaire des médicaments adaptés. Si votre chat est dans

> La prescription d'antinauséeux rend le voyage plus facile

un état d'excitation passablement avancé, quelques sédatifs légers peuvent l'aider à se calmer. Certains animaux ont aussi une peur panique des boîtes de transport. S'il est trop tard pour les dresser, optez pour le jeu et la récompense, un moyen pratique pour séduire le chat. Si votre chat ne souhaite pas entrer ou sortir de sa boîte, ne forcez surtout pas : vous risqueriez de recevoir des coups de griffes et des morsures à répétition. Pour le faire entrer facilement, prenez-le sous le ventre et apportez-le vers la boîte à reculons, de telle façon que son arrière-train entre en premier dans la boîte. Pour le faire sortir, pas la peine de le tirer : renversez la boîte, le chat trouvera naturellement la sortie.

En train

La règle pour que votre chat puisse voyager avec vous est son poids. En dessous de 6 kg, il est autorisé à rester près de votre siège, à condition d'avoir payé un supplément et d'être enfermé dans une boîte de transport. S'il doit être amené à sortir, prévoyez une laisse ou mieux un harnais. Au-delà de 6 kg, il devra voyager dans un espace réservé au transport des animaux. Dans tous les cas de figure, pensez à prévenir la SNCF lors de votre réservation et n'oubliez surtout pas d'étiqueter vos nom et adresse sur sa boîte de transport. La SNCF est plutôt généreuse en termes de conditions de transport puisqu'elle autorise jusqu'à deux bagages animaliers par personne, ce qui vous autorise à venir avec huit chats pour une famille de quatre personnes. De quoi emmener toute votre ribambelle de matous en voyage ou en week-end...

En bateau ou en avion

Pas d'homogénéité dans la réglementation, chaque compagnie a le droit de faire ce qu'elle veut et d'accueillir ou non votre chat. Un seul conseil, renseignez-vous lors de l'achat de votre billet pour éviter toute mauvaise surprise ! L'avion est le moyen de transport le plus strict : votre chat doit être âgé au moins de 10 semaines pour pouvoir embarquer. Là aussi, comme pour le train, le poids est déterminant : en dessous de 6 kg (boîte de transport incluse), il peut voyager à vos pieds, au-dessus, il aura droit à un voyage en soute. Pour éviter tout désagrément, pensez à prévenir la compagnie lors de votre réservation. Ses papiers doivent être parfaitement en règle : certificat de vaccination à jour, carte d'identification, passeport à jour pour un voyage hors de France, etc. Attention, votre chat est extrêmement sensible aux voyages en avion : il est préférable de ne pas partir trop loin et trop longtemps. Enfin, il est déconseillé de placer votre chat près de la climatisation : l'air froid risque de provoquer des maladies bien embêtantes pour la suite de vos vacances…

Passeport obligatoire

Savez-vous qu'il existe un passeport pour les animaux de compagnie ? Et que ce passeport est souvent obligatoire si vous voyagez en Europe ou dans le reste du monde ? Contrairement à nos passeports, il est délivré sur une période de temps très courte et doit bien signifier que votre chat est en pleine forme et que tous ses vaccins sont à jour. Pour chaque pays, la réglementation change, en particulier sur la date de création du passeport par rapport à votre date d'entrée dans le territoire du pays de vos vacances. Souvent, la durée des voyages à l'étranger pour les animaux est réduite à un laps de temps entre 3 et 15 jours.

Fugue

Un chat peut fuguer. Il aime s'aventurer et partir loin, très loin, surtout quand il s'agit d'une quête amoureuse. Quand l'absence est inhabituellement longue, prévenez tout de suite le voisinage. Faites des affiches avec sa photo et distribuez-les dans la boîte aux lettres des voisins, collez-le sur les vitrines des magasins.

Voiture

Le chat adore se cacher sous votre voiture. Il y a de l'ombre, il peut observer la rue… Oui, mais quand vous démarrez votre voiture, vous ne le voyez pas forcément. Pensez toujours à regarder sous votre voiture avant d'y entrer. Il est également conseillé de laisser tourner le moteur quinze secondes avant de se lancer.

Divorce

Les problèmes des humains peuvent aussi affecter le chat. Lors d'un divorce par exemple, la question se pose : qui garde le chat ? Faites en sorte qu'il reste dans sa maison. Le chat en a fait son territoire, il a ses habitudes et sera moins affecté par ce coup du sort.

Cache-cache

Notre matou est un as de la cachette. Il peut se cacher sous un meuble et sauter sur vos pieds pour vous surprendre. Quel plaisir pour lui ! Attention tout de même lorsqu'il se cache : sont à surveiller la machine à laver ou encore le grenier dont on finit par fermer la trappe sans vérifier à l'intérieur.

Sac ou cage ?

Il existe de nombreux moyens de transport pour votre chat. Panier, cage ou même sac ! Le sac sera très utile en train. Vous pouvez facilement le caresser et le transporter. La cage est préconisée pour la voiture (en cas de choc, elle est solide). Pensez toujours à son bien-être et au côté pratique.

Vivre avec d'autres bébêtes

Vous avez un hamster, un oiseau ou des poissons ? Ce sont des proies potentielles pour Félix. Il faut l'habituer jeune à vivre en communauté avec vos autres petits amis. Sinon, protégez-les et grondez votre chat continuellement. Il se découragera un jour de vouloir les engloutir.

Il dort dans mon lit

Pas question de laisser un chat dormir dans votre lit. C'est votre territoire à vous et vous devez le lui faire savoir. Faites-le descendre, encore et encore. Il va finir par comprendre que ce n'est pas sa place. Vous pouvez lui installer un coin auprès de vous s'il aime tant votre compagnie, mais pas dans le lit !

Une chatière

Vous en avez assez de lui ouvrir la porte toutes les demi-heures ? Optez pour une chatière ! Vous pouvez la protéger en équipant votre chat d'un bracelet électronique qui laisse uniquement entrer votre chat et non tous les matous du voisinage. Installez-la dans un endroit où les courants d'air ne sont pas gênants.

L'eau des poissons

Si vous avez des poissons à la maison et que votre chat passe son temps à les regarder avec amour et même à boire leur eau, ne vous inquiétez pas. Tant qu'il n'y met pas la patte ou qu'il ne les croque pas, vous n'avez rien à craindre. L'eau des poissons est goûteuse et excellente pour ses papilles.

Terreur des bacs à fleurs

Encore une astuce de grand-mère pour éloigner les matous de nos bacs à fleurs (il faut dire que le terreau est un réel plaisir pour Félix) : frottez un oignon ou de l'ail que vous avez préalablement coupé en deux sur le rebord du bac, cela ne lui plaira guère !

Réduire les risques d'allergie

En cas d'allergie, il faut faire preuve d'une certaine rigueur dans le nettoyage de la maison. Il faut brosser son chat quotidiennement, passer l'aspirateur tous les jours, jeter tous les tapis qui retiennent les poils. Il faut que le chat n'ait pas accès aux chambres et qu'il évite de dormir sur le canapé familial.

Déménagement

Lorsque vous déménagez, votre chat perd tous ses repères. Il est important de l'isoler dans une pièce avec des objets qu'il connaît bien et avec tout son matériel habituel, le temps qu'il se fasse à son nouvel environnement. Évitez de le faire sortir pour qu'il ne fuie pas.

En avion

Toutes les compagnies aériennes ne donnent pas les mêmes consignes : certaines imposent que le chat aille en soute, d'autres l'autorisent en panier. Il vous faut bien sûr acheter un billet pour lui. N'oubliez pas l'eau, qui est capitale, ni de prévoir un moyen de tranquilliser votre chat, selon les conseils de votre vétérinaire.

Voyage en train

Aucun souci pour emmener un chat dans un train. Il suffit de le mettre dans un panier et de payer un prix forfaitaire d'environ 5 à 10 euros. Gardez votre chat sur vos genoux ou dans une cage, dans laquelle vous mettrez une alèse ou de l'essuie-tout et un peu de Feliway ®, pour détendre votre boule de poils.

Partir à l'étranger

Il faut répondre à plusieurs critères avant de partir à l'étranger avec votre chat. Il doit être identifié et vacciné contre la rage. Il faut vous munir des documents fournis lors de la vaccination. N'hésitez pas à rendre visite à votre vétérinaire qui vous prodiguera les conseils adaptés aux besoins de votre chat pour le voyage.

Chat d'extérieur

Il existe deux écoles. Ceux qui enferment leur chat à la maison et ceux qui préfèrent le laisser gambader à l'extérieur, qui regorge néanmoins de dangers : maladies, voitures, voisins mal intentionnés… Il faut s'assurer que votre chat est prudent face aux voitures et qu'il soit à jour sur ses vaccins.

Déjeuner en paix

Ce n'est jamais agréable de se faire agresser par son chat au réveil le matin. Vous êtes en retard, vous vous servez un bol de céréales et minou fait tout pour vous empêcher de manger. Lui avez-vous donné à manger ? Servez-le avant. Cela évitera qu'il quémande lors de vos repas.

Odeur de la litière

Si la javel fonctionne très bien pour désodoriser une litière, vous pouvez également ajouter un peu de talc ou même saupoudrer de bicarbonate de soude dans le fond du bac, avant de mettre le gravier. Ces poudres aident à éliminer les mauvaises odeurs.

Aire de griffage

Là où le chat fait ses griffes, c'est là que son griffoir sera le mieux placé. À savoir les lieux de passage et les lieux de repos. Il aime les faire là où on peut voir ses marques. Il les fait sur les meubles, les canapés, les tapisseries, les surfaces verticales ou sur un bout de tapis cloué au mur.

Point d'observation

Parfois, le chat aime se reposer près de nous ou se positionner dans des lieux de passage. C'est parce qu'il aime observer ce qu'il se passe. Laissez-lui un accès visible et en hauteur près d'une fenêtre (fermée), aménagez-lui un espace sur le rebord ou disposez une chaise avec un tissu confortable devant.

Les soins au quotidien

Aux petits soins des chatons

Une période de congés semble le moment le plus opportun pour accueillir un jeune chat. Après avoir été séparé de son milieu initial, le chaton doit être réconforté par votre présence. Lorsqu'il arrive dans votre foyer, quelques précautions d'usage sont nécessaires.

Le chat est un animal très propre, mais il convient cependant de veiller à son hygiène et de lui prodiguer des soins réguliers, notamment au niveau du nez, des yeux, des oreilles et des dents. Si le chaton a le nez qui coule, nettoyez ses narines avec un coton d'eau tiède. Certaines races, notamment les persans, ont couramment les yeux et leurs pourtours sales : instillez quelques gouttes de lotion nettoyante dans les yeux puis essuyez avec un coton propre. Un soin quotidien avec un coton imbibé de camomille s'avère parfois indispensable. Quant aux oreilles, n'utilisez pas de coton-tige. Il faut simplement y passer un coton d'eau tiède (ou un produit dédié si nécessaire) et masser la base de l'oreille. Quand le félin secoue la tête, les saletés sortent et se déposent sur le pavillon, il ne vous reste plus qu'à les essuyer précautionneusement. Enfin, des dentifrices sont proposés par tous les vétérinaires pour éviter le dépôt de tartre pouvant engendrer des affections dans la bouche.

Outre son panier et sa litière, quelques achats et dispositions sont à prendre pour assurer le confort et l'hygiène de votre chaton

La vaccination

Dès l'âge de 2 mois, le lait de la mère n'immunise plus le chaton contre les maladies. Le chat, et en particulier celui qui vit partiellement à l'extérieur, est susceptible d'en contracter tout au long de sa vie, dont certaines peuvent être mortelles. L'unique prévention efficace reste donc la vaccination. Aussi, dès l'arrivée du chaton dans votre foyer, il est recommandé de voir un vétérinaire qui pratiquera les vaccins, puis les rappels annuels, contre les 5 maladies connues (la leucose, le typhus, le corysa, la chlamydiose et la rage). Cette dernière est d'ailleurs la seule maladie infectieuse du chat qui soit contagieuse pour l'homme. N'oubliez pas les dates de rappel, condition sine qua non de l'immunité de votre chat. À l'occasion de vos voyages, séjours à l'étranger ou même pension, le carnet de vaccination vous sera réclamé. Attention, la vaccination reste une démarche médicale que seul un vétérinaire peut pratiquer.

Le traitement antipuces

Il ne cesse de se gratter et sa robe présente de petits points sur le cou et à proximité de la queue? Votre animal a des puces. Afin d'éviter ce désagrément, il faut traiter son chaton en moyenne tous les mois afin de lui assurer une protection fiable contre les parasites, lui éviter les démangeaisons mais aussi le risque de transmission de certaines maladies. À noter qu'un chaton évoluant en appartement n'est absolument pas à l'abri des puces, celles-ci s'invitant d'elles-mêmes ou étant apportées par d'autres animaux. Il peut être recommandé de traiter la maison avec un insecticide d'intérieur. Le chat qui vit à l'extérieur doit également être protégé grâce à un collier antiparasite.

La vermifugation

Le lait maternel regorge de vers. La vermifugation est donc indispensable au chaton car elle lui permet d'avoir un système immunitaire plus efficace. Parallèlement, elle enraye les soucis dermatologiques (chutes de poils et démangeaisons), les problèmes intestinaux et les carences en vitamines comme en minéraux. Traitez le chaton tous les mois jusqu'à l'âge de 6 mois, puis tous les six mois lorsqu'il est adulte (de préférence à l'automne et au printemps). Attention, les vermifuges restent des médicaments et peuvent être toxiques. Le vétérinaire saura vous aiguiller vers le produit le plus adapté à votre chaton.

La trousse à pharmacie

Les fenêtres ouvertes, les plantes toxiques, les casseroles sur le feu ou encore les fils électriques sont probablement les pires ennemis du chaton qui a, pour vilain défaut, une insatiable curiosité… En effet, il adore explorer les tiroirs et autres recoins : prenez garde à ce que vous y mettez. Et n'oubliez pas que le tambour de la machine à laver est un endroit qu'il affectionne ! Accueillir un chaton, c'est aussi préparer sa trousse à pharmacie. Elle doit comporter au minimum des compresses, de l'alcool et de la bétadine en cas de blessures, du gel gastro-intestinal accompagné d'un antivomitif et d'un sirop contre la toux. Enfin, une lotion contre les démangeaisons, un produit pour les oreilles et une pommade pour les coussinets vous seront très utiles.

L'alimentation de votre chat

Peut-on nourrir les chats au biberon? L'ingestion des plantes est-elle mortelle? Pourquoi refuse-t-il de manger dans son bol? Que faire si le chat vole la nourriture du voisin? Autant de questions qui trouvent ici leurs réponses.

Peut-on nourrir les chats au biberon?

Certains chatons se retrouvent orphelins car leur mère n'est pas en mesure ou refuse de s'occuper d'eux. Dans ce cas-là, c'est à vous de les nourrir au biberon pendant ses premières semaines de vie. Mais faites bien attention: il faut se procurer un lait spécial chaton en pharmacie et le donner à votre petit toutes les deux heures.

L'ingestion des plantes est-elle mortelle pour les chats?

Oui, de petites portions de feuille ou de fleur peuvent provoquer la mort. Faites donc bien attention de ne pas posséder de plantes dangereuses pour votre chat, car cela risque de lui provoquer de graves problèmes. Certaines plantes d'intérieur peuvent êtres toxiques pour les chats. Le lys, par exemple, provoque l'avortement et même la mort rapidement. Par ailleurs, le pollen se dépose sur la fourrure des chats, et peut être ingéré lors de la toilette.

> Les chats peuvent paraître parfois difficiles,
> mais ils ont aussi très bon goût!

Pourquoi refuse-t-il de manger dans son bol?
C'est peut-être parce qu'il n'aime pas son emplacement. Les chats peuvent paraître parfois difficiles, mais ils ont aussi très bon goût! L'endroit doit être absolument tranquille, sûr et facile d'accès. Autre élément très important, les bols doivent être lavés tous les jours. Si votre chat ne mange pas dans sa gamelle, cela indique peut-être un problème de comportement, ou de santé donc n'hésitez pas à l'emmener chez le vétérinaire en cas de problème.

Faut-il un bol personnel?
Oui, naturellement, un chat ne partage pas ses ressources comme son bol. Par ailleurs, un chat plus faible ou jeune sera écarté par les autres chats plus forts et robustes. Un bol unique satisfera celui qui a un fort appétit. Préférez donc plusieurs points d'eau et de nourriture afin d'éviter tout conflit entre les animaux.

Que faire si mon chat vole la nourriture du voisin?
La nouveauté du goût ou de type d'aliment peut attirer les chats dans les maisons voisines. Gardez votre chat chez vous et vérifiez qu'il mange bien ce que vous lui donnez comme nourriture. Par ailleurs, pensez à modifier son alimentation. Sachez que l'intrusion d'un autre chat procure à l'animal résident stress et animosité.

Si mon chat mange plus qu'à l'accoutumée?
Naturellement, si votre chat est plus actif, il aura plus d'appétit. Mais si celui-ci devient gros, à cause de sa sédentarité,

pensez à lui donner une alimentation équilibrée. Cependant, si son appétit s'accroît, faites analyser ses selles, son urine et son sang. Il est peut-être atteint de maladies, de diabètes, de tumeurs ou de parasites.

Pourquoi mon chat est-il difficile ?

Les chats apprécient une alimentation variée. Si votre chat miaule et quémande, donnez-lui de temps à autre une petite gourmandise sans que cela ne devienne une habitude. Parfois, un chat peut avoir des problèmes dentaires, ou être angoissé, ce qui influence grandement son envie de nourriture.

Un miaulement signifie-t-il toujours une demande de nourriture ?

Non, le miaulement a plusieurs significations. Il peut juste vouloir demander des caresses, souhaiter jouer avec vous, ou est apeuré pour un élément inconnu. Par contre, en vieillissant, le miaulement signifie plus souvent que votre chat est affamé ou assoiffé. Il peut aussi s'agir de désordres hormonaux qui ne peuvent être soignés que par l'intervention d'un vétérinaire. Un régime alimentaire adapté fournissant quantité de calories voulues est conseillé, et peut satisfaire votre chat tout en rétablissant son équilibre.

Pourquoi mon chat mange-t-il ses proies en plus de sa nourriture ?

Un chat est naturellement chasseur. Il aime tuer, capturer ses proies par ses propres moyens et jouer avec. Dans certains cas, il ira même les manger. Cela ne veut pas dire qu'il n'aime pas votre nourriture mais qu'il s'offre tout simplement un petit gueuleton supplémentaire. Bref, pas d'inquiétude, c'est un comportement naturel.

Qu'est-ce que l'herbe à chat?

C'est une herbe que fournissent des fibres à votre chat. Elle n'est pas indispensable, mais elle permet d'éviter les problèmes gastriques liés à la régurgitation des boules de poils. Elle est bien sûr inoffensive pour votre chat, et est très appréciée par nos félins. N'hésitez pas à en planter dans votre jardin ou dans un bac à fleurs.

Les boissons de A à Z

Fait peu connu, les chats ont des difficultés à réguler leur consommation en liquide et ne s'aperçoivent pas de leur déshydratation avancée. Il est donc primordial de surveiller leurs apports en eau et à les forcer à boire.

C comme Changement de régime

Attention danger ! C'est clairement l'élément déclencheur d'une déshydratation avancée. Car votre animal ne sait absolument pas réguler ses apports en eau. Si vous modifiez son régime alimentaire (par exemple en passant d'une nourriture humide à une nourriture sèche), il ne boira pas forcément plus.

D comme Déshydratation

Si le corps d'un chat contient un volume insuffisant d'eau pour un fonctionnement normal, la vie de l'animal est en danger. Il y a plusieurs causes potentielles qui provoquent la déshydratation, notamment les vomissements ou la diarrhée, le diabète ou les saignements excessifs. Les fluides doivent être remplacés le plus vite possible et il est essentiel de découvrir l'origine de cet état car le chat a du mal à réguler seul sa consommation en eau.

Un bol d'eau fraîche doit toujours être laissé à disposition de votre chat

Si votre chat refuse de boire, il existe aussi des compléments alimentaires vendus en animalerie ou dans les grandes surfaces qui permettent d'augmenter la quantité ingérée d'eau sous forme solide...

E comme Eau

Extrêmement importante, elle régule la température du corps, transporte les nutriments, élimine les déchets sous forme d'urine et enfin contribue au processus de digestion. La quantité d'eau nécessaire dépend de plusieurs facteurs : la température ambiante, les exercices physiques, la nourriture (sèche ou humide).

E comme Écuelle

Il est impératif de séparer le bol de nourriture du bol d'eau : les chats détestent que des morceaux d'aliments flottent dans leur soucoupe d'eau. Il est préférable de ne pas utiliser un bol en plastique car les odeurs ont tendance à se déposer sur ce type de soucoupes et à repousser votre animal qui aura tôt fait de remarquer une odeur qui ne lui plaît pas et d'essayer de trouver une autre source d'eau potable. A noter que si vous possédez plusieurs chats, il est préférable que chacun possède leur propre point d'eau : les félins sont des animaux très difficiles !

F comme Fraîcheur

Les chats détestent par-dessus tout de l'eau chaude ou tiède. Il est donc conseillé de changer souvent l'eau de leur écuelle afin de leur donner un breuvage le plus frais possible (au minimum une fois par jour).

H comme Hauteur

Attention de veiller à la hauteur de votre bol. Il doit être ni trop petit pour éviter que votre chat renverse de l'eau partout, ni trop haut : votre chat déteste avoir son collier ou ses poils mouillés après avoir bu une lapée d'eau.

L comme Lait

Certainement l'image d'Épinal la plus célèbre sur la gente féminine : un chat en train de laper du lait. Sauf, qu'en réalité, il n'en est rien ! Une fois le sevrage achevé, certains animaux ne sont même plus capables de digérer le lait de vache, la faute à une enzyme qui n'est plus produite par l'animal. Si votre chat aime boire du lait, il est préférable de le lui donner chaud et dilué avec de l'eau afin de faciliter sa digestion (un ratio d'un tiers de lait pour deux tiers d'eau). À noter qu'il existe dans le commerce des laits adaptés pour les chats plus onéreux que le lait classique.

M comme minérale

Votre chat n'aime pas l'eau de votre robinet ? Elle contient peut-être trop de calcaire ou possède un goût trop prononcé. Vous pouvez soit décider de filtrer l'eau, soit lui donner de l'eau minérale. Attention tout de même si votre chat est atteint de calculs, les eaux vendues dans le commerce sont très riches en minéraux, et cela peut nuire à l'équilibre de votre animal de compagnie.

P comme Point d'eau

Si votre animal ne parvient pas à s'hydrater correctement, vous pouvez installer différents points d'eau dans votre maison. Le mieux est de disposer ces écuelles à des points de passage de votre animal afin de mettre toutes les chances de votre côté.

R comme Robinet

Si votre chat n'arrête pas de se rendre au robinet pour essayer de laper la dernière goutte, c'est qu'il considère que son écuelle n'est pas assez propre ! Les chats aiment l'eau non stagnante et fraîche. Pensez à changer fréquemment l'eau dans la gamelle de votre animal.

Brosser et nettoyer son animal

Assez de ces poils qui s'accrochent partout dans votre maison et sur vos vêtements ? Suivez nos conseils pour réduire leur accumulation et entretenez le pelage de votre félin par la même occasion.

Quelles sont les périodes de mue ?

À proprement parler, le chat ne connaît pas de périodes de mues. Il perd ses poils pendant toute l'année. En revanche, les périodes de l'automne et du printemps connaissent une augmentation dans la fréquence et l'intensité de la perte des poils : le renouvellement naturel de la fourrure de l'animal est accéléré par le changement de climat (période chaude/période froide).

Mon chat a plein de poils sur sa langue. Est-ce normal ?

Plus ou moins. Quand il se nettoie, le chat utilise sa langue rugueuse pour naturellement supprimer les poils morts de son pelage. Une boule de poils se forme alors qu'il peut ingurgiter sans danger et qu'il éliminera par les voies naturelles. Parfois, les poils, s'ils sont souillés, vont se coller dans son estomac et provoquer une déglutition forcée qui peut se finir par des vomissements si les poils ingurgités sont trop nombreux.

Il ne faut pas donner de bains trop souvent à votre chat

Mon chat a les poils courts. Comment les brosser?
Prenez une brosse tendre dotée de crins d'origine naturelle (pour éviter toute allergie et la création d'électricité statique). Passez la brosse dans le sens du poil en commençant par la base du cou et en remontant jusqu'au début de la queue. Continuez ensuite sur le corps en entier, exception faite de la tête. Utilisez une peau de chamois pour lustrer sa fourrure.

Mon chat a les poils longs. Comment les brosser?
Afin d'enlever le maximum de poils morts, il vous faudra une brosse métallique à dents larges car il ne faut pas que vous tiriez trop les poils. Dans un premier temps, réalisez un premier passage. Une fois le gros du travail achevé, passez une brosse plus dure toujours dans le sens du poil pour ramasser les résidus. Vous pouvez ensuite utiliser une peau de chamois ou gant de velours pour lustrer la fourrure de votre animal.

À quelle fréquence?
Les chats à poils courts peuvent être brossés deux à trois fois par mois même si un brossage hebdomadaire est préférable. La fréquence pour un chat à poils longs est beaucoup plus élevée que pour un chat à poils courts: deux à trois fois par semaine sont de rigueur pour un toilettage efficace et optimal. Mention particulière aux chats persans qui demandent un brossage… quotidien.

Peut-on laver son chat?
Oui, bien sûr, même si les chats n'adorent pas vraiment se baigner. Pour y parvenir, mieux vaut préparer l'entrée de votre chat

dans le bain avec précaution (le mieux étant d'habituer votre animal dès son plus jeune âge). Commencez par bien démêler la fourrure de votre animal avant de le laver. Pensez ensuite à utiliser une eau chaude (38 degrés). Puis mouillez-le délicatement soit à l'aide de vos mains soit à l'aide d'un gant de toilette. Il est impératif de ne pas mouiller la tête et de commencer par le haut du dos en remontant vers la queue. Quand le chat sort, enveloppez-le immédiatement dans une serviette et séchez-le avec un sèche-cheveux.

Quel shampooing faut-il utiliser ?

Il ne faut absolument pas utiliser des shampooings pour les êtres humains qui sont beaucoup trop acides. Optez pour un shampooing liquide disponible dans les magasins spécialisés. Les shampooings secs et le talc sont à proscrire car ils ont tendance à abîmer la fourrure de votre animal et de lui ternir ses poils. Ce qui serait vraiment dommage !

Peut-on laver son chat toutes les semaines ?

Certainement pas ! Le chat sécrète du sébum (riche en vitamine D) qu'il applique sur son pelage à l'aide sa langue quand il se lave. Si vous donnez un bain trop fréquemment à votre animal, vous allez supprimer cette défense naturelle, et abîmer son pelage. Un bain une fois par saison avec au moins trois à quatre mois d'intervalles est amplement suffisant.

Mon chat a un chewing-gum collé dans ses poils. Que faire ?

N'utilisez surtout pas de dissolvant, beaucoup trop toxique pour votre animal. Mouillez doucement la zone à traiter et appliquez du savon au PH neutre ou basique. Si vous ne parvenez pas à enlever le chewing-gum ou la tâche de goudron, optez pour une méthode plus radicale : utilisez une paire de ciseaux à bouts ronds et coupez les poils en tenant fermement votre animal.

Comment se débarrasser des nœuds ?

Prenez tout d'abord une brosse à dents espacées afin de ne pas blesser votre animal. Brossez doucement le pelage de votre animal autour du nœud en tirant légèrement pour ramener le nœud vers l'extérieur. Si le nœud résiste, utilisez en dernier recours une paire de ciseaux à bouts ronds pour couper les poils.

Les médecines douces

Les bénéfices des médecines douces sur la santé des animaux continuent de faire débat. Pour autant, les résultats obtenus par ces remèdes naturels sont aujourd'hui très encourageants. Et si vous y pensiez ?

L'homéopathie est probablement une des médecines douces les plus connues. Appliquée aux humains, elle continue de voir grandir le nombre de ses initiés. Le principal avantage de l'homéopathie réside dans la trivialité de sa philosophie : provoquer une réaction de défense immunitaire en apportant à l'organisme une minuscule dose de toxique via des plantes. Cependant, pour être efficace, le vétérinaire homéopathe doit prendre en compte l'état général de votre animal : sa nervosité, ses antériorités, etc. Sous forme de gouttes ou de granules, ces produits sont à donner plusieurs fois par jour et à heures fixes, le plus souvent en dehors des repas. Cette médecine à base de plantes est utilisée en cas de petites maladies passagères (rhumes), de blessures légères ou encore de troubles du comportement (stress et agressivité). Les chats qui, malgré les tranquillisants, ne cessent de miauler durant les voyages, sont parfois apaisés par des gouttes homéopathiques.

> Les médecines douces à destination des chats, et particulièrement l'homéopathie, rencontrent aujourd'hui leurs adeptes

L'acupuncture

L'acupuncture est une pratique thérapeutique ancienne qui se base sur l'équilibre du yin et du yang. Le thérapeute a pour mission de rééquilibrer le flux énergétique de l'animal par le biais d'aiguilles. Si ces pratiques peuvent s'avérer efficaces, votre animal de compagnie doit tolérer l'implantation d'aiguilles ! L'acupuncture est utilisée dans le traitement de certaines boiteries chroniques. En Chine, cette pratique est notamment utilisée en guise d'anesthésie dans les actes chirurgicaux vétérinaires.

L'ostéopathie

L'ostéopathie, c'est-à-dire la manipulation des membres et des vertèbres, est employée par quelques vétérinaires qui ont suivi une formation dans ce domaine. Ces séances, qui peuvent parfois surprendre, donnent de bons résultats dans le traitement de douleurs de type névralgie ou boiterie.

Les autres médecines douces

La phytothérapie, à base de feuilles et de racines, a une véritable action thérapeutique à condition d'être patient. En effet, l'administration de plantes sous forme de lotions pour le chat, ne donne des résultats flagrants que sur la durée. Seul bémol : l'efficacité de ces lotions appliquées sur la peau (et non ingérées) peut être rendue vaine par les léchages inopportuns du chat. Certains maîtres n'hésitent pas à soigner le rhume d'un chaton ou d'un adulte via l'inhalation d'huile essentielle d'eucalyptus. L'oligothérapie, qui fait appel à des minéraux et métaux en très petites quantités, a également le vent en poupe. L'association cuivre, or et argent est particulièrement indiquée pour dynamiser les défenses naturelles de votre animal. L'argilothérapie, quant à elle, est une piste développée par plusieurs thérapeutes qui ont découvert que les animaux d'Afrique mangeaient instinctivement de la boue d'argile pour améliorer leur condition physique. La silice contenue dans l'argile est d'ores et déjà utilisée par l'homéopathie contre les suppurations et les bronchites rencontrées chez les animaux âgés.

Le silicium : produit miracle ?

Le silicium est un des composants essentiels de l'écorce terrestre et joue un rôle important dans la solidité des os. Il est donc logiquement prescrit par les praticiens en médecine douce pour soutenir la croissance de votre animal de compagnie. Le silicium organique est également recommandé pour soigner les rhumatismes articulaires du chat peu préparé aux exercices physiques et qui se retrouve soudainement à devoir évoluer dans un jardin. Il atténue également l'arthrose du chat âgé. Enfin, il est donné sous forme de cures (de trois semaines environ) pour embellir le poil et renouveler les cellules de la peau. Cela fait de lui un adjuvant essentiel pour les éleveurs qui font concourir leur chat de race.

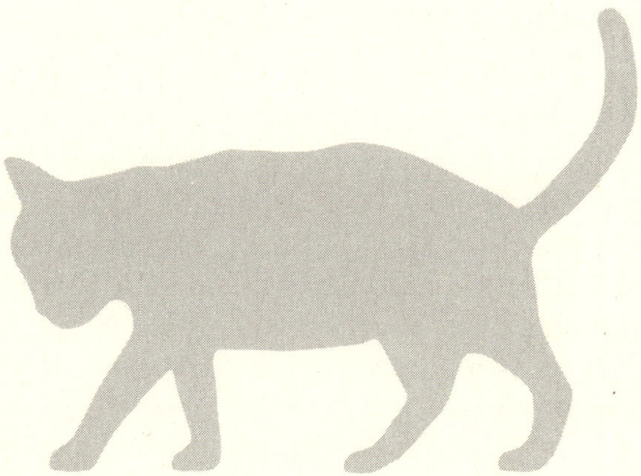

Les soins de votre chat

Il n'est pas seulement nécessaire de bien vous occuper de la fourrure de votre animal, il est aussi important de faire attention à ses yeux, ses oreilles, son nez, ses griffes afin de prévenir toute maladie ou toute infection. Notre guide.

Puis-je lui couper les griffes?

Oui, bien sûr. Cela permet d'éviter que votre chat détruise votre beau canapé. Mais attention, les griffes de votre animal sont constituées de deux parties : l'une, vivante composée de nombreux nerfs de dizaines de dizaines de vaisseaux sanguins qu'il ne faut absolument pas couper (c'est même interdit par la loi car considéré comme une mutilation), l'autre, morte que vous pouvez et devez couper. La partie vivante est facilement reconnaissable : elle est rose.

Dois-je lui brosser les dents?

Ce n'est pas obligatoire mais cela peut aider votre chat à espacer ses rendez-vous chez le vétérinaire. Il ne faut surtout pas utiliser les dentifrices pour les êtres humains qui sont beaucoup trop acides pour votre animal. Préférez un dentifrice adapté à la race féline. Pas question non plus d'utiliser une brosse à dents : optez pour un doigtier, disposez du dentifrice et frottez doucement ses dents.

Il est interdit de couper en entier les griffes de votre animal

Mon chat a mauvaise haleine. Que faire?

Un brossage régulier permet d'éviter la formation de tartre sur la plaque dentaire (en fonction de l'alimentation de votre chat, un brossage régulier - environ une fois par semaine - est conseillé). Si votre chat continue d'avoir une mauvaise haleine, cela est peut-être dû à une cause plus grave comme une maladie de l'estomac ou une digestion difficile. Le mieux est dans ce cas-là de consulter au plus vite un vétérinaire.

Comment lui nettoyer ses oreilles sans lui faire mal?

Sans aucun doute la partie la plus délicate à nettoyer et la plus difficile à atteindre. Maintenez au sol ou contre vous votre chat et tirez l'oreille vers le haut afin de dégager son accès. Appliquez un peu de lotion nettoyante qui va agir sur le cérumen et le ramener vers l'extérieur de l'oreille. Il ne vous reste plus ensuite à sortir délicatement les impuretés à l'aide d'un grand coton-tige spécial « animaux domestiques ».

Que faire si le nez de mon chat n'arrête pas de couler?

Les chats sont comme les êtres humains, ils peuvent attraper un rhume! Un coup de froid qu'il faut rapidement endiguer: prenez une lingette ou un chiffon doux de préférence en coton (afin d'éviter toute allergie et pour que cela soit plus agréable). Mouillez-le avec de l'eau tiède ou légèrement chaude (environ 37 °C). Appliquez ensuite la lingette sur le nez de votre animal: vous enlèverez ainsi le trop-plein de sécrétions.

Comment et à quelle fréquence dois-je lui couper les griffes ?

Maintenez fermement votre animal puis appuyez sur le coussinet : la griffe sort immédiatement de son logement. Vous pouvez ensuite utiliser un couple ongles ou une pince à bouts ronds. Quand vous avez trouvé la partie translucide (et surtout pas la partie rose), coupez délicatement une partie de la griffe (il est interdit de couper la griffe en entier). Il est conseillé de couper une fois par mois les griffes de votre chat (si votre chat est plus âgé, une fréquence de deux fois par mois permettra de supprimer les peaux mortes qui ne sont plus naturellement supprimées).

Mon chat a les yeux qui coulent. Que faire ?

Lui nettoyer bien sûr. Procurez-vous tout d'abord des lingettes adaptées. Maintenez fermement votre animal et commencez tout en douceur par le coin extérieur de l'œil puis remontez doucement vers l'intérieur du visage. Faites bien attention de supprimer toutes les sécrétions brunâtres. Changez de lingette fréquemment pour que les microbes ne soient pas tentés de se balader dans l'autre œil.

Mon chat a les yeux rouges. Que se passe-t-il ?

Attention danger ! Si les chats ont l'habitude d'avoir les yeux enflés (généralement dus à une chute mal négociée ou à une bagarre perdue), les yeux rouges signifient qu'ils sont victimes d'un état d'hypertension grave. Vous devez consulter le plus rapidement possible votre vétérinaire pour déterminer s'il s'agit d'une allergie ou au contraire la conséquence d'un état de stress qui peut aboutit à la cécité de votre animal.

Mon chat éternue. Est-ce grave ?

Pas forcément, il est peut-être tout simplement victime d'une allergie aux acariens. Comme les humains, les chats peuvent souffrir de la présence de pollens ou de poussières et réagissent par des symptômes similaires : écoulements, éternuements, muqueuses enflées.

Mon chat semble sensible des yeux. Que faire ?

Certaines races de chat sont en effet beaucoup plus sensibles que d'autres à des affections oculaires. Ce sont généralement les chats dont la face est plate ou courte. Des soins quotidiens sont donc obligatoires car ils possèdent un canal lacrymal très petit qui empêche l'écoulement normal des impuretés.

Les parasites de A à Z

Puces, acariens, mites... elles sont plutôt nombreuses, les petites bestioles qui aiment se repaître du sang de votre chat ! Faciles à reconnaître, elles sont par contre beaucoup plus difficiles à éradiquer. Nos conseils et nos explications.

A comme Acariens

Ce sont des parasites externes présents dans l'oreille qui provoquent des démangeaisons, des rougeurs pouvant se transformer en grave infection. Si vous voyez un écoulement sombre dans l'oreille de votre chat, il est probable que votre animal a reçu la visite d'acariens. S'il se secoue les oreilles ou se les gratte régulièrement, il faut les lui faire nettoyer par un vétérinaire qui lui donnera des gouttes : celles-ci éradiqueront les acariens adultes mais pas les œufs. Utilisez les gouttes pendant un délai recommandé par le vétérinaire pour en venir à bout.

D comme Dermatite

Des allergies alimentaires ou des parasites peuvent provoquer ce genre d'inflammation de la peau.

M comme Mites

Petits parasites invisibles à l'œil nu qui peuplent la fourrure de votre chat. Leur présence est facilement reconnaissable grâce

Il est déconseillé aux femmes enceintes de toucher les chats pendant leur grossesse

aux traces de morsures et l'aspect plat du pelage. Une poudre ou un traitement par un shampooing idoine peut suffire à les éradiquer du pelage de votre chat.

P comme Parasite

Cette petite bête vit généralement aux dépens de l'animal hôte, comme la puce ou le ver intestinal.

P comme Poux

Les signes d'infestation sont les mêmes que pour les autres insectes nuisibles : morsures frénétiques et mastication du pelage.

P comme Puces

La plaie des chats (et des autres animaux de compagnie) ! Ces petits parasites de couleur foncée et qui sautent partout sont extrêmement désagréables : ils peuvent produire des allergies et provoquer des démangeaisons. De nombreuses poudres existent pour combattre ces puces aussi bien à l'âge adulte qu'à l'état de larves.

T comme Teigne

Il ne s'agit pas d'un petit animal ou d'un parasite mais au contraire d'un champignon qui aime s'installer dans les poils de votre chat et sous ses ongles. Attention, la teigne est parfaitement transmissible à l'homme et n'est pas facilement reconnaissable car votre chat ne semble pas obligatoirement malade. Pour s'en débarrasser, un traitement antifongique fait parfaitement l'affaire. En cas de récidive, n'hésitez pas à donner à votre chat des bains ou de lui couper les poils.

T comme Tiques

Les tiques sont ces petits animaux vivant dans les sous-bois ou dans les grandes herbes qui ont un goût prononcé pour le sang humain ou animal. Attention, car la tête de ces animaux est plantée dans le corps de votre chat tandis que le reste de son corps est proéminent. Vous devez absolument endormir l'animal (avec un coton imbibé d'éther par exemple) et le retirer délicatement à l'aide d'une pince à tique.

T comme Toxoplasmose

La toxoplasmose est un parasite transmissible à l'homme. Il se loge dans les appareils intestinaux de votre animal. Afin de limiter les risques d'infections, il est conseillé de garder votre chat à l'intérieur. Il faut également éviter de lui donner de la viande crue.

T comme Trombidions

Également appelés vendangeurs, ces minuscules acariens orange et rouge provoquent de fortes démangeaisons.

Et les virus ?

Les chats se transmettent souvent les parasites et les virus. Ainsi, très sensibles aux attaques virales, les félins se doivent d'être protégés par des vaccinations suivies et fréquentes. En cas de symptômes, il est impératif de consulter le plus rapidement possible un vétérinaire.

Les gestes qui sauvent

Votre chat s'est brûlé, est en état de choc ou s'est battu et est rentré blessé ? Pas de panique, quelques gestes simples peuvent aider votre animal à se sentir mieux, en attendant la visite du vétérinaire. Explications.

Votre chat fait encore des siennes, mordille sans cesse les fils électriques ou avoue un amour immodéré pour sauter d'un arbre ou tourner autour des casseroles sur le feu. Si l'accident survient, ne paniquez surtout pas ! En fonction de sa gravité, réalisez les premiers gestes de secours pour apporter un peu de réconfort à votre animal et prévenez immédiatement votre vétérinaire. Votre capacité à réagir et votre vitesse d'exécution seront primordiales dans l'issue de l'accident.

Les vomissements

Votre chat ne cesse de vomir ou de régurgiter après ses repas, avec parfois des boules de poils dans ses rejets ? Il mange certainement trop rapidement et perd des poils de manière importante. Coupez-lui en plus petits morceaux ses aliments, en privilégiant une nourriture riche en fibres qui lui permettra d'éliminer de meilleure façon ses poils. L'ingestion des poils par votre chat est complètement naturelle et fait partie intégrante

> L'ingestion des poils par votre chat est complètement naturelle

du processus de sa toilette. Augmentez la fréquence des brossages pour enlever un maximum de poils morts : les poils ingérés baisseront en quantité, facilitant ainsi son transit.

Si vous remarquez des traces de sang dans ses vomissements, il s'agit sans aucun doute d'un corps étranger qui est venu obstruer le larynx de votre chat. Qu'il s'agisse d'une arête ou d'un bout d'os, il est important de prévenir votre vétérinaire. Si l'intrus progresse dans son appareil digestif, il peut devenir extrêmement dangereux.

Votre chat s'amuse avec un insecte volant non identifié, le gobe et est soudain pris d'un malaise ? L'insecte s'est certainement débattu et a piqué l'intérieur de la bouche de votre animal. Attention danger, les conséquences d'une petite piqûre peuvent être dramatiques si un œdème allergique se développe… Donnez un antiallergique à votre chat et emmenez-le chez votre vétérinaire.

Les chutes

Qui n'a jamais vu un chat sauter depuis une hauteur impressionnante et retomber parfaitement sur ses pattes ? Il n'empêche, dans certains cas, les chutes occasionnent des blessures qui peuvent rapidement devenir incapacitantes. Plus fréquentes chez les jeunes chats de moins de 1 an, les chutes touchent principalement la mâchoire, les pattes et les poumons de l'animal. Les fractures de la mâchoire sont assez fréquentes, bien que difficilement visibles. En cas de déboîtement complet de la mâchoire, votre animal ne pourra plus ouvrir la bouche. En cas de fracture à l'une de ses pattes, appliquez sur la plaie un tulle (ou une compresse) imbibé d'eau oxygénée pour arrêter les saignements. Emmenez ensuite votre animal chez le vétérinaire. S'il a du mal à respirer après une chute un peu brutale, il s'agit peut-être d'un décollement de la plèvre. Emmenez-le rapidement chez votre vétérinaire.

Les accidents ménagers

Votre chat vient de renverser la casserole d'eau bouillante ou a marché par inadvertance sur une plaque encore chaude ? Optez pour un tulle gras et appliquez-le sur la brûlure. Direction ensuite le vétérinaire en cas de brûlure plus grave.

Votre animal mordille sans cesse les fils électriques de vos appareils et vient de se prendre une décharge ? Calmez votre chat en état de choc et emmenez-le immédiatement chez votre vétérinaire pour une vérification rapide de la présence ou non d'un œdème pulmonaire.

Votre chat vient de tomber dans la piscine ? Prenez votre chat par les pattes de derrière et suspendez-le verticalement, de telle façon qu'il puisse rejeter l'eau entrée dans ses poumons. En cas d'accident plus grave, réalisez un massage cardiaque en massant les côtes au niveau inférieur du thorax (une pression par seconde).

Le coup de chaleur

Plus rare que chez les chiens ou chez d'autres animaux de compagnie, votre chat peut aussi être victime d'un coup de chaud, s'il est resté trop longtemps au soleil, le cas le plus fréquent étant dans un véhicule (les chats ne sont pas complètement fous !). Prenez rapidement sa température : en dessous de 40 °C, placez votre chat à l'ombre, recouvrez-le d'un tissu humidifié à l'eau froide et si besoin, aspergez-le d'eau. Si la température dépasse 40 °C, réalisez ces mêmes gestes en prévenant d'urgence votre vétérinaire, le risque est beaucoup trop important pour attendre que la température de votre chat baisse par elle-même.

Asthme chronique

Un chat qui siffle en respirant peut avoir de l'asthme. Il a alors une toux sèche, et suffoque par moments. L'asthme est souvent le résultat d'une allergie à la poussière ou au pollen. Nettoyez bien votre maison et courez chez le vétérinaire à la moindre crise !

Boiterie

Si votre chat se met à boiter, c'est qu'il a reçu un choc. Cela peut être une mauvaise réception lors d'une chute ou un choc dû à une voiture. Vérifiez si la boiterie n'est pas causée par un abcès non détecté. Et emmenez-le chez le vétérinaire. Attention : au-delà de 8 ans, cela peut être de l'arthrose.

Il traîne ses pattes arrière

Si votre chat traîne les pattes arrière, c'est qu'il y a urgence. Vérifiez-en la température : si elles sont froides, c'est qu'un caillou bloque la circulation sanguine. Il faut consulter immédiatement.

Enlever une tique

Ne tirez jamais sur une tique fixée sur la peau de votre chat. La tête pourrait rester dans la peau et s'infecter. Mettez de l'alcool sur un tissu, puis faites tourner la maudite tique du bout de votre doigt, dans le sens des aiguilles d'une montre. Elle finira par avoir le tournis et par lâcher prise. Écrasez-la !

Piqûre d'abeille

Félix a été piqué par une abeille ! Si le dard est toujours enfoncé, il faut vous munir d'une pince à épiler et le retirer. Puis préparez une solution à base de bicarbonate de soude diluée dans de l'eau. S'il a été piqué à la patte, trempez-la-lui, sinon déposez la mixture sur l'endroit atteint avec un coton imbibé. Dans le doute, vous pouvez toujours vous rendre chez le vétérinaire

Sida du chat

Le virus de l'immunodéficience féline (FIV) est aussi appelé le « sida du chat ». Il ne se transmet pas à l'homme, mais concerne 15 % des chats errants. Il n'existe pas de traitement pour ce virus. Le chat peut être séropositif pendant des années avant de tomber malade et succomber par la prolifération de maladies opportunistes.

Diabète

Le chat peut être atteint de diabète. Il en existe trois types. Le diabète sucré (de type I) est le plus courant. L'animal va boire et manger beaucoup et paradoxalement maigrir. Comme chez l'humain, il faut injecter de l'insuline à votre félin pour réguler ses carences. Avec un suivi vétérinaire, le diabète se soigne très bien.

Maladies avec vaccin

Les maladies félines les plus répandues et qui font l'objet d'une vaccination en France sont le coryza, la chlamydiose, la panleucopénie infectieuse féline (typhus), la rage et la leucose. Il est conseillé de faire vacciner son animal le plus tôt possible et de respecter les rappels annuels.

Coryza du chat

Il s'agit d'une affection des voies respiratoires causée par différents types de microbes. Les symptômes sont toux, éternuements, écoulements des yeux et du nez, conjonctivite, perte d'appétit et fièvre. Elle se soigne avec un traitement antibiotique ou en aérosol. Le chat peut être hospitalisé si la maladie est avancée.

Leucose féline

Cette maladie virale est grave pour le chat. Elle s'apparente à une sorte de leucémie (mais virale), avec une baisse de fonctionnement du système immunitaire. Le chat devient faible et très malade. Le symptôme le plus évident est l'anémie et la pâleur des gencives. Le chat peut être séropositif à la leucose.

Rage féline

Cette maladie connue pour son célèbre vaccin inventé par Pasteur est pourtant mortelle et incurable. Elle affecte le système nerveux et peut se transmettre à l'homme. Le vaccin est presque une obligation, puisque certains pays n'acceptent pas l'entrée d'un chat non vacciné sur leur territoire.

Le bain

Brossez votre animal avant de lui donner un bain. Cela vous évitera de vous retrouver avec des poils humides de tous les côtés. Utilisez un shampooing adapté et une eau tiède. Mouillez doucement le chat et massez-le pour faire pénétrer le produit. Soyez prudent avec sa tête et ses yeux. Pour finir, séchez-le avec une serviette.

Les chutes

Un chat ne retombe pas toujours sur ses pattes. Votre félin peut ne pas avoir le temps d'anticiper son atterrissage. Les conséquences d'une chute peuvent causer des fractures des membres, du museau, de la mâchoire et des dents, mais aussi des lésions internes comme un écrasement de la rate, du foie ou de la vessie. Consultez !

Stérilisation

La stérilisation est l'ablation des ovaires chez la femelle. Cette opération est plus lourde que la castration. La chatte reste deux jours chez le vétérinaire et a une convalescence d'une à deux semaines. Cette opération coûte entre 100 et 150 euros. Elle est vivement recommandée pour les chats vivant en milieu urbain.

Surdité du chat blanc

Il arrive très souvent que des chatons blancs aux yeux bleus deviennent sourds à leur troisième semaine. Cela est dû à un gène appelé « allèle », aussi responsable de la blancheur du poil. L'oreille interne ne se développe plus et se dégénère. Le chat peut vivre avec cette surdité mais sera plus exposé aux dangers extérieurs.

Obésité

En France, près de 50 % des chats font de la surcharge pondérale. Cela s'explique souvent par une malnutrition ou l'apport de friandises non adaptées aux félins. Sachez qu'un verre de lait pour le chat est l'équivalent de 3 sandwichs pour un homme. Renseignez-vous sur les aliments spécialisés en apports nutritifs peu caloriques.

Traitement d'une plaie

Lorsque votre chat saigne abondamment, stoppez l'hémorragie. Pour cela posez une compresse de préférence stérile ou un morceau de tissu propre sur la plaie jusqu'à ce que le saignement s'arrête. Désinfectez et ajoutez un bandage si nécessaire. Si l'hémorragie devient trop importante, emmenez-le chez le vétérinaire.

Traitement antipuces

De multiples traitements existent pour venir à bout de ce parasite très courant. On peut utiliser un collier antipuces, des insecticides qui les détruisent, des insectifuges qui les repoussent et des médicaments. En cas d'invasion, il est obligatoire de traiter toute sa maison et particulièrement les espaces utilisés par le chat.

Une visite chez le véto

Une visite chez le vétérinaire s'impose dans les jours qui suivent l'acquisition de votre petite boule de poils. Le vétérinaire va vermifuger votre chat, lui administrer des vaccins et vous donnera des conseils quant au régime alimentaire conseillé pour votre animal de compagnie.

Le stress

Le chat ne souffre pas seulement de maux physiques. Il peut aussi subir du stress. Cela entraîne parfois de sérieux problèmes de santé. Pour détecter un stress chez l'animal, vérifiez s'il se lèche de manière excessive voire s'automutile, s'il est plus fuyant et nerveux, malpropre ou s'il urine dans la maison.

Les postures du chat

Mordillement

Il arrive parfois qu'en jouant, votre chat commence à vous mordiller. Il vous attrape les mains et pousse en même temps votre bras avec ses pattes. Même si votre félin prend ce geste comme un jeu, il ne faut pas l'encourager. Réprimandez-le aussitôt : faites-lui une petite tape sur le bout du nez sans lui faire mal afin qu'il comprenne son erreur et ne se sente pas agressé.

Traquer

Un chat commence à traquer dès son plus jeune âge. Dès l'âge de trois semaines, il s'exerce sur ses congénères. Il continue ensuite son apprentissage avec des objets. Pour cela il fixe un petit objet qu'il essaie d'attraper d'un coup de griffe. Une fois son but atteint, il le rapporte dans son panier ou dans un lieu qu'il considère comme son petit nid.

Renifler

Votre chat passe beaucoup de temps à renifler les plantes, les arbustes ou encore les arbres. En utilisant son odorat, il cherche à capter l'odeur des urines d'un de ses congénères. Chaque odeur qu'il sent est mémorisée. L'animal peut ainsi aisément reconnaître un chat dont il a senti l'odeur auparavant. Tout petit déjà, il reconnaît sa mère uniquement à l'odeur.

Salutation

Les chats possèdent un langage corporel bien déterminé. Pour faire connaissance, ils s'approchent d'abord tout doucement l'un de l'autre. Si tout se passe bien, les deux chats finissent par se toucher le nez et récoltent ainsi par leur odorat des informations précieuses. Ils apprennent par exemple si l'autre individu est un mâle ou une femelle.

Membre de la famille

Un chat bien dans sa peau est parfaitement détendu et veut partager des moments avec son maître. Lorsqu'il lèche un humain, il lui montre son affection. Par ce simple geste, il exprime son amour et lui indique qu'il le considère comme un membre de sa famille. Concrètement, il associe le rituel social d'affection des chats à un humain.

Chat excité la nuit

Votre chat vous réveille toutes les nuits ? Il court partout dans votre demeure et semble excité comme une puce ? La raison en est simple : le chat est un animal nocturne qui a l'habitude de chasser lorsque la lune est levée. Ce comportement est fréquent si votre félin passe sa journée seul. Il aura dormi pendant la journée et sera prêt à s'amuser toute la nuit.

Prise de poids

Un chat commence à grossir lorsque ses apports nutritifs sont supérieurs à ses dépenses énergétiques. Ce phénomène arrive fréquemment chez les chats gourmands domestiqués. La stérilisation peut également engendrer une prise de poids importante. Dans tous les cas, il convient de veiller à l'hygiène alimentaire de votre compagnon et de le faire surveiller par un vétérinaire.

Boire au robinet

Bien que sa gamelle d'eau soit pleine, vous pouvez surprendre votre chat en train de boire l'eau du robinet. Ce comportement s'explique facilement. Soit l'eau de sa gamelle n'est plus assez fraîche, soit le chat souhaite simplement s'amuser en allant chercher l'eau au robinet. Vous pouvez changer l'eau de sa gamelle, mais il se peut que votre félin continue de se servir directement à la source.

Téter de la laine

Vous venez certainement d'avoir votre chaton et vous constatez qu'il lui arrive de téter votre pull en laine ou votre peau. Votre animal reproduit le geste de la tétée et cherche à se rassurer. Ce comportement est fréquent lorsque le chaton a été séparé trop tôt de sa mère. Il est recommandé d'attendre au moins 6 semaines avant de sortir un félin de sa portée.

Le jeu de la bagarre

Lorsqu'il est encore petit, votre chat cherche la bagarre avec ses congénères. Si ce n'est qu'un jeu, ces moments sont importants puisqu'ils lui permettent de développer ses tactiques offensives et défensives. Le chat joue et apprend en même temps. Il convient de ne pas l'empêcher d'avoir ce type de comportement. Plus tard, cet apprentissage lui sera très utile pour se défendre, mais aussi pour chasser.

Frottement du chat

Un chat qui cherche l'attention de son maître peut le faire de diverses manières. Il peut notamment se frotter contre ses jambes. Ce geste indique également qu'il le considère comme celui qui commande. Il faut donc qu'il l'amadoue pour obtenir ce qu'il souhaite. C'est ce que l'on appelle « les caresses de chats », autrement dit des caresses qui ne sont pas désintéressées : votre chat tente d'obtenir quelque chose de vous.

Bondir

Un chaton passe une grande partie de son temps à bondir. Il cherche ainsi à tester et à développer toutes ses capacités. Le saut en longueur lui permet de mieux gérer les distances et le saut en hauteur l'aide à attraper des oiseaux en plein vol. Lorsqu'il se sent en danger, il atterrit en catastrophe et teste ainsi son équilibre.

Roulade sur le dos

Si vous surprenez votre chatte en train de se rouler par terre, vérifiez qu'elle n'est pas en chaleur. Si c'est le cas, elle indique clairement à ses partenaires qu'elle est disponible et qu'elle souhaite s'accoupler. Elle accompagne généralement ce geste d'un son rauque : elle se plaint pour attirer l'attention.

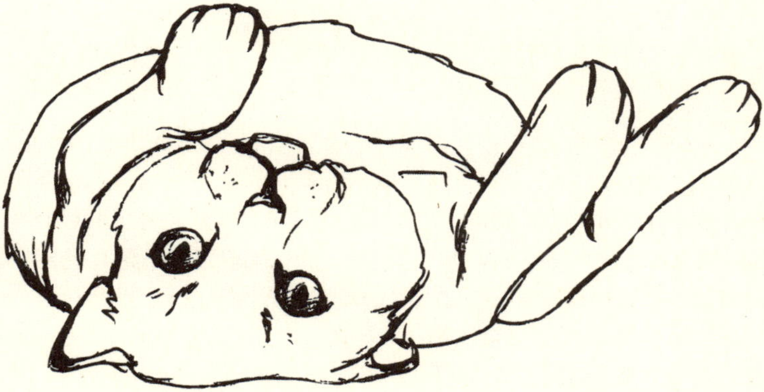

L'attaque des chaussures

Votre chaton adore se cacher et sauter sur vos chevilles. Le mouvement de vos jambes est perçu comme un jeu. Parfois, il peut vous faire mal, surtout s'il sort ses griffes. Il convient de le réprimander dès son plus jeune âge, sinon il risquerait de continuer à s'en amuser lorsqu'il sera plus âgé.

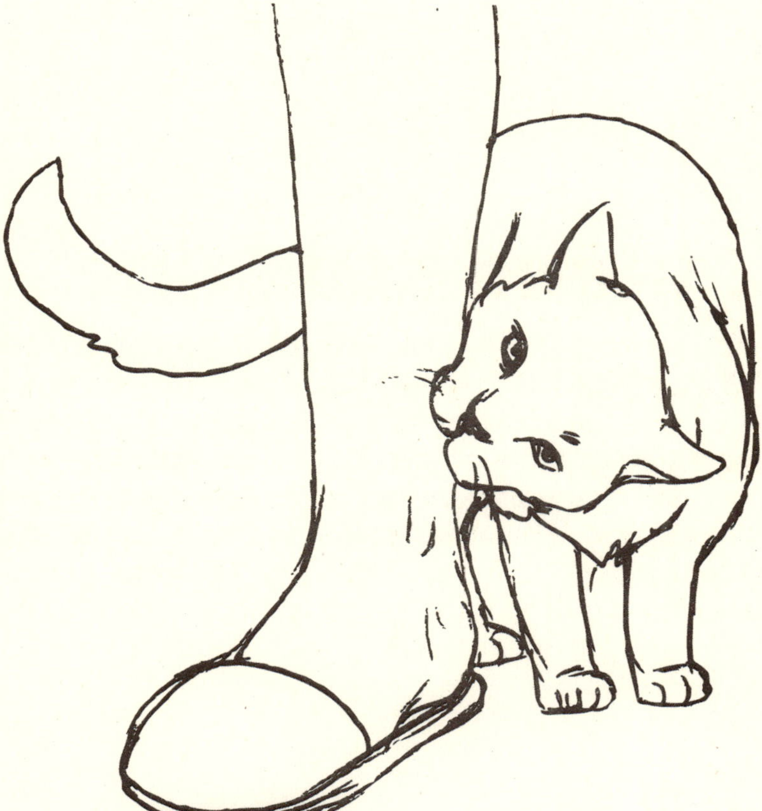

Attaque soudaine

Parfois, alors que vous caressez votre chat et qu'il paraît détendu, celui-ci se met soudainement à vous mordre ou à vous griffer. Cette réaction exprime sa frustration : vos caresses lui rappellent les coups de langue maternelles. Généralement, le chat éprouve du plaisir à être caressé, mais à l'âge adulte, il associe aussi ce sentiment à l'accouplement ou au combat. Frustré, il finit par attaquer.

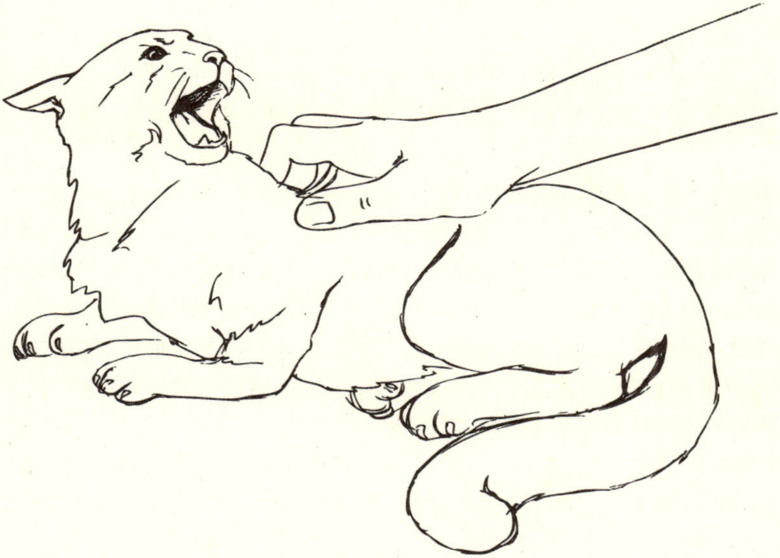

Protéger vos plantes

Si vous laissez à la portée de votre compagnon des plantes en pot, vous pouvez être certain qu'il viendra y creuser un trou et mâchouiller ou jouer avec fleurs et feuilles. Pour lui, les plantes sont sur son territoire et constituent un véritable terrain de jeu. Avant toute chose, assurez-vous qu'elles ne sont pas toxiques pour votre animal. Mettez-les en hauteur et aspergez-les d'un répulsif.

Agressivité

Lorsqu'un chat se sent menacé, il devient agressif. Son instinct le pousse à se protéger. Ses pupilles sont dilatées, ses moustaches dressées et ses oreilles rabattues vers l'arrière. Le chat ouvre la bouche et commence à feuler et cracher. Il arrive également qu'il montre ses dents afin d'intimider son ennemi.

Grimper

Vous en avez assez de voir votre chat grimper sur vos jambes ? Pire encore sur vos beaux rideaux ? Il sera difficile de l'en empêcher. Cette envie de grimper est inscrite dans son instinct. Son excellent équilibre lui permet de se déplacer aisément sur n'importe quelle surface. Pour limiter les dégâts, laissez à sa disposition un poteau d'escalade où il pourra tester ses capacités.

Sérénité

Elle est l'une des expressions les plus courantes lorsque l'on évoque le chat : la sérénité. Votre compagnon semble détendu et bien dans sa peau. Il revêt une expression éveillée, sans le moindre signe d'hostilité. Ses pupilles sont normales, ses oreilles légèrement dressées et ses moustaches sont droites.

Contrariété

Il suffit d'observer l'expression de votre chat pour savoir s'il est contrarié : ses oreilles sont dressées et légèrement enroulées vers l'arrière, son regard est fixe et ses moustaches inclinées vers l'avant. Le message est clair : votre animal est fâché ! Ce comportement est plus fréquent chez les chats dominants. Laissez-le tranquille un moment, il finira par revenir vers vous de lui-même.

Peur

Un chat qui a peur se met en position de défense. Il commence par rabattre ses oreilles vers l'arrière et à se recroqueviller sur lui-même. Plus il est craintif, plus il cherche à se protéger. Ses pupilles se dilatent au maximum afin de pouvoir réagir au plus vite et prendre la fuite.

Bonheur

Un chat heureux l'exprime clairement sur son visage. Ses yeux sont à moitié fermés et ses oreilles orientées vers l'avant. Votre compagnon a l'air de rêvasser. Vous pouvez entendre des ronronnements de satisfaction. Pas de doute, votre chat est détendu et profite pleinement de l'instant présent.

L'étirement

Le chat poursuit généralement son réveil par un long étirement. Juste après avoir fait le dos rond, il abaisse ses membres avant et les dresse vers l'arrière. Il étire ainsi ses pattes, ses griffes et son cou en même temps. Cette posture lui permet de stimuler sa circulation sanguine et de réactiver son sens du toucher.

Pupilles rétractées

Si les pupilles du chat se dilatent pour percevoir davantage de lumière, en revanche elles se contractent lorsque la luminosité extérieure est trop forte. Elles ne forment alors plus qu'un simple trait aussi mince qu'une aiguille. L'animal protège ainsi ses yeux pour observer le soleil sans s'abîmer les rétines.

Le dos rond

Le chat passe la majorité de son temps à dormir. Lorsqu il se réveille, il ressent le besoin de s'étirer. Il fait alors ce que l'on appelle « le dos rond ». Le félin joint ses pattes et tire sur celles de derrière tout en arrondissant le dos. Ce geste lui permet de réveiller ses muscles en douceur. Il prépare son corps à ses prochaines activités : jeux, chasses, courses…

Le bâillement

Si chez d'autres espèces le bâillement est un signe de nervosité, il exprime chez le chat un certain bien-être. Le chat bâille lorsqu'il est serein et détendu. Il termine généralement sa sieste par un bâillement afin d'étirer les muscles de ses mâchoires. Il profite de cet instant pour reprendre ses esprits et se réveiller tranquillement.

Pupilles dilatées

En fonction de la lumière extérieure, le chat régule la dilatation de ses pupilles. Il va les dilater lorsque la luminosité est faible. Lorsqu'il fait noir, les pupilles du chat deviennent presque sphériques pour absorber le maximum de lumière possible. Le félin peut ainsi mieux se déplacer. Il s'aide également de ses moustaches pour se repérer.

Pupilles très dilatées

Selon la situation, la dilatation des pupilles du chat est plus ou moins importante. Lorsqu'il est en position de chasse, les pupilles du chat sont dilatées au maximum. Il en est de même lorsqu'il se sent en danger ou en situation de fuite. Ce changement permet à l'animal d'élargir son champ de vision. Il peut ainsi percevoir plus d'éléments sans avoir besoin de se déplacer.

Malpropreté

Vous aurez certainement l'occasion de constater que votre chat a uriné sur votre canapé, votre tapis ou encore votre linge propre. Votre félin est stressé et ressent le besoin de marquer son territoire. Il se rassure ainsi en laissant son odeur par son urine. Tant que vous n'avez pas déterminé la cause de ses angoisses, vous pouvez réduire son territoire à une seule pièce.

Vision binoculaire

Le chat possède une excellente vue. Grâce au chevauchement du champ visuel des deux yeux, il bénéficie d'une vision binoculaire. Autrement dit, il peut voir en trois dimensions ! Cette capacité lui est d'une grande d'aide lorsqu'il chasse. Il peut ainsi évaluer les distances avec une grande précision d'un seul regard !

Placement en hauteur

Le chat aime observer ce qui se passe sur son territoire. Pour cela, il va se placer en hauteur : sur une table, une commode, un plan de travail… Dans la cuisine, votre félin cherche certainement à manger. Ne mettez pas de nourriture en évidence afin de ne pas l'encourager. Mettez à sa disposition un arbre à chat assez haut pour qu'il puisse en faire son poste d'observation.

Marquage urinaire

Lorsque votre compagnon est en train d'uriner sur un arbre, il souhaite une fois de plus affirmer sa présence sur son domaine. Votre animal n'a pas vraiment besoin de soulager sa vessie, mais il veut montrer à ses congénères qu'ils sont sur son territoire. Pour cela, il se met dos à l'arbre et projette son urine droit derrière lui tout en dressant la queue.

Faire ses griffes

Votre chat aime faire ses griffes sur vos meubles ? La raison en est simple : il délimite son territoire, mais cette fois en laissant des traces bel et bien visibles. Cela lui permet également d'entretenir ses griffes, de les aiguiser, mais aussi d'étirer ses muscles. Pour protéger votre intérieur, optez pour un arbre à chat avec une partie en corde de sisal idéale pour les griffes de votre chat.

Marquage

Le chat a besoin de marquer son territoire afin de signaler sa présence aux autres animaux. Pour cela, il frotte son museau contre les objets. Par exemple lorsqu'il est à l'extérieur, vous pouvez l'observer en train de se gratter la tête contre une clôture. Il laisse ainsi sa trace : l'odeur des glandes de son museau informe clairement à ses congénères que ce territoire est occupé.

Grognement

Un chat mécontent s'exprime en grognant. Si quelque chose le dérange, il commence par figer ses mâchoires et par émettre un son sourd venant du fond de la gorge. Si la situation ne s'apaise pas, l'animal commence à cracher, il est susceptible d'attaquer s'il se sent menacé.

Grincement

Un chat qui souffre émet ce que l'on appelle un « grincement » de douleur. Ce cri très intense exprime clairement que l'animal est en train de souffrir. Si vous entendez un tel son, il est probable que votre animal soit blessé ou prisonnier quelque part. C'est un véritable appel à l'aide. Pour sa santé, il convient d'arrêter au plus vite ce qui cause sa peine, et si besoin est, de l'emmener chez un vétérinaire.

Miaaaou ... miaaaou...

Miaulement langoureux

Un chat qui miaule de manière plaintive et répétitive est un félin qui quémande quelque chose. Le plus souvent il s'agit de nourriture, mais il peut aussi réclamer une caresse ou le changement de sa litière. Le miaulement aigu et assez long de l'animal ne s'arrête pas tant que ce dernier n'a pas obtenu ce qu'il désire.

Miaaaou…

Miaulement répétitif

Miaou, miaou, miaou… Si vous avez adopté un chaton, vous entendez fréquemment ce son. Dès son plus jeune âge, le chat pousse des cris de désarroi, qui se caractérisent par des sons assez aigus. Il a peur et le fait savoir. Ces cris stridents expriment un appel au secours. Le félin demande ainsi de l'aide lorsqu'il est perdu sans sa mère ou lorsqu'il a faim.

miaou... miaou... miaou...

Feulement

Lorsqu'un félin feule, il exprime la peur. Une chose ou une personne l'effraie. Pour produire ce son, l'animal enroule sa langue dans sa bouche et projette de l'air chaud. Il cherche ainsi à intimider ce qu'il perçoit comme un danger. Restez sur vos gardes si votre compagnon commence à produire ce son. Par instinct de protection, il pourrait attaquer.

Ronronnement

Tout le monde le sait, les ronronnements expriment la satisfaction d'un chat. Il s'agit d'un son léger et répétitif. Le chat produit cette vocalisation lorsqu'il se sent pleinement satisfait et en sécurité. Mais il peut, au contraire, ronronner dans une situation de stress intense. Les ronronnements calment alors son angoisse.

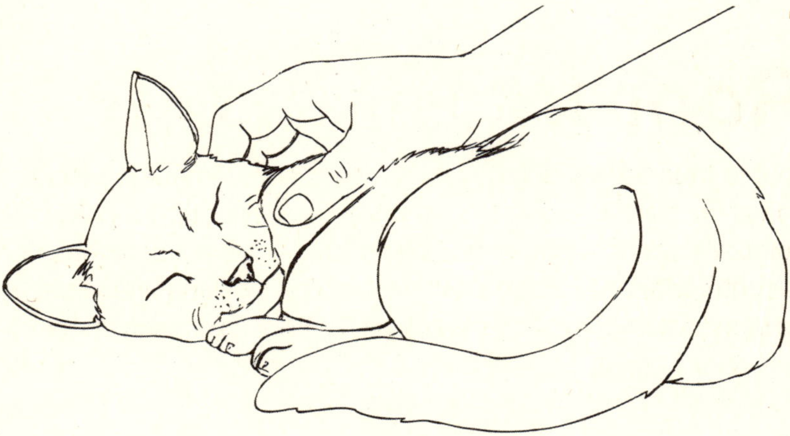

Ronronnement maternel

Le son du ronronnement maternel est légèrement différent du ronronnement de satisfaction : il est régulier et semble ininterrompu. Vous pouvez généralement l'entendre lorsque la mère allaite ses petits. Ces derniers émettent d'ailleurs le même son. Ils ronronnent en cœur et tissent leurs premiers liens sociaux.

Apeuré

Un félin apeuré va chercher à intimider son ennemi quoi qu'il arrive. Il se recroqueville sur lui-même et rabat ses oreilles en arrière. Il feule et sort ses griffes. Plus il se sent en danger, plus son feulement est fort. Il se peut même que le félin se mette à cracher. Il se tient prêt à bondir pour se défendre ou se sauver.

Protection maternelle

Méfiez-vous d'une mère qui protège ses petits. Elle est capable de tout et donnerait sa vie pour sauver celle de ses chatons. Généralement, elle se place devant sa progéniture et feule en crachant sur celui ou celle qu'elle perçoit comme un intrus. Si l'ennemi s'approche trop près, elle attaque et se lance sur lui.

Entre deux félins

Les chats se nettoient mutuellement. Cette action est très fréquente entre un chaton et sa mère, mais il arrive que deux chats adultes se lèchent l'un l'autre. Cela leur permet non seulement de nettoyer des zones difficiles à atteindre seul comme le derrière des oreilles, mais aussi de créer des relations avec l'un de leurs congénères.

Sur la défensive

Un chat apeuré peut réagir de plusieurs façons. Si l'animal souhaite dissimuler sa peur, il se met sur ses quatre pattes et commence à faire le dos rond, avec la queue et les poils hérissés. Il se positionne légèrement de côté afin d'impressionner son ennemi. Cette posture montre clairement que le chat est terrorisé ; mais qu'il est prêt à se défendre.

Lavage complet

Le chat fait quotidiennement sa toilette. Il s'agit d'un comportement instinctif. L'animal commence par s'allonger et lève une de ses pattes. Puis, il se penche pour passer cette même patte au-dessus de la tête. Il se lèche ensuite le poil et retire les parties souillées. La salive du chat entretient son pelage et permet de réguler sa température.

Terrorisé

Lorsque votre animal se sent menacé, il est stimulé par une décharge d'adrénaline. Ses pupilles se dilatent, son regard fixe son ennemi et sa queue se dresse, légèrement hérissée. Il peut également faire le dos rond afin de paraître plus grand et plus gros. L'animal cherche à intimider et à provoquer celui qui l'effraie.

Aux aguets

Lorsque votre chat est aux aguets, il se cache et fixe sa proie. Sa posture est basse et ses membres contractés. Le félin guette en silence, il est prêt à bondir à tout moment. Lorsqu'il est domestiqué, il chasse uniquement pour s'amuser et non pour se nourrir. Ne soyez pas surpris s'il bondit sur vos chevilles.

L'équilibrisme

Lorsque votre félin se dresse sur les deux pattes arrière et met les pattes avant en l'air, il souhaite atteindre quelque chose qui l'intrigue. Il peut s'agir d'un simple objet ou d'un membre de la famille. Quoi qu'il en soit, cette posture est celle qu'utilise votre compagnon pour attirer votre attention et obtenir ce qu'il désire.

Proie devant la porte

Traquer une proie est un trait instinctif commun à tous les félins. Même domestiqué, cela l'amuse. Si vous retrouvez des cadavres de souris ou d'oiseaux devant votre porte, cela signifie que votre chat veut vous les offrir, il vous montre son respect en participant la vie du foyer. Il ne faut pas le gronder, et mieux vaut ne pas lui montrer que vous vous débarrassez de ses offrandes.

Dilatation des pupilles

Le chat a les pupilles dilatées quand il fait sombre, comme nous, c'est logique. Pourtant la dilatation peut se faire pour d'autres raisons. Quand il est stressé ou s'apprête à chasser. Mais elles peuvent aussi témoigner d'un empoisonnement. Si les pupilles restent dilatées anormalement longtemps, consultez rapidement !

La cour

Quand un chat mâle courtise une femelle, il alterne entre des temps de jeu et des temps de luttes. Ce petit jeu a pour but de la séduire et de s'accoupler avec elle. Cela fonctionne uniquement si la femelle est en chaleur. Si ce n'est pas le cas, elle repousse le chat. La femelle se montre réceptive en levant son arrière-train.

Maison ou maître ?

On dit souvent que le chat n'est pas attaché à son maître et qu'il préfère de loin la maison. Pourtant, tout comme il va marquer les lieux, le chat marque aussi son maître avec ses phéromones faciales quand il se frotte les joues contre vos jambes. N'écoutez pas les mauvaises langues, le chat vous aime aussi !

Test de conduite

Pour tester le comportement du chat, soulevez-le par la peau du cou. Si le matou se met en boule en rentrant la queue et les pattes, c'est une preuve qu'il est docile et se montrera facile à vivre. Si le félin se débat, griffe et tend ses pattes vers l'extérieur, il y a plus de chances qu'il soit craintif ou rebelle.

Pattes de velours

Jouer avec les griffes est naturel chez le félin, mais cela peut nous faire mal. Essayez de lui attraper les pattes fermement, puis avec vos doigts doucement, rentrez ses griffes lorsqu'il les sort. À force de répéter ce geste pendant le jeu, il devrait jouer avec les pattes « douces ». Félicitez-le lorsque c'est le cas.

¼ d'heure de folie

Quand votre matou est énervé et que rien ne semble le calmer, il est préférable de lui donner un jouet pour qu'il se défoule. Un chat, surtout lorsqu'il est petit, a besoin de se dépenser. C'est d'autant plus le cas pour les chats qui vivent à l'intérieur. Ils auront ce qu'on appelle des quarts d'heure de folie.

Ne pas l'encourager

Le chat peut devenir agressif lorsque vous jouez avec lui. N'encouragez jamais les morsures et les griffes lors des temps de jeu. Stoppez toute activité et recommencez le jeu lorsqu'il est calme. S'il continue, arrêtez de jouer à nouveau. Le chat va finir par comprendre qu'il ne doit pas être trop agressif avec vous.

À vos jeux!

Le jeu offre au chat la possibilité de se dépenser tout en apprenant. Il peut aussi développer son instinct de chasseur et même se socialiser. Jouer avec votre chat permet également de renforcer les liens qui vous lient avec lui. S'il a tendance à griffer ou à mordre, cessez toute activité et dites-lui « non » fermement.

Se faire respecter

Pour vous imposer en tant que maître et vous faire respecter, il faut faire comprendre au chat que c'est vous le chef. Cela se passe dès les premières fois que vous jouez avec lui. Attrapez-le doucement par la peau du cou et couchez-le sur le côté. Avec une autre main, caressez-lui le ventre. Jusqu'à ce qu'il soit calmé.

Ne pas le battre

Il est courant qu'un membre du foyer réprimande le chat avec un coup de pied ou une véritable claque. Même sous le coup de la colère, il est préférable de vous contrôler et de ne pas vous en prendre à lui directement. Votre animal risque de devenir craintif et méfiant. Préférez une technique plus subtile et détournée.

Le féliciter

Tout comme il faut le punir, il est primordial de féliciter votre chat. Vous pouvez lui donner une friandise ou le couvrir de caresses quand il agit convenablement. Si vous répétez ce geste, votre matou va assimiler cette récompense à son action et il finira par la reproduire. Par exemple, lorsqu'il utilise son griffoir.

Lui apprendre son nom

Le chat n'est pas aussi obéissant qu'un chien et n'a pas la même mémoire. Cependant il sait où se cache sa nourriture ! Il reconnaîtra plus facilement son nom si vous le lui répétez le plus souvent possible et particulièrement lorsque vous lui donnez à manger ou le caressez. Ce son doit lui rappeler un moment agréable.

Le museau du chat

Le museau du chat est humide et frais, rose ou noir selon sa pigmentation. Le nez du chat est également riche en glandes de Bowman qui sécrètent du mucus. Quand il est en éveil ou quand il a faim, son nez s'humidifie. Il reste sec lorsque le chat est en repos ou digère. Si son museau est chaud, c'est qu'il a de la fièvre.

Les yeux

L'œil du chat est composé d'une pupille qui offre souvent de très jolies couleurs. La petite fente noire typique du félin est appelée « myosis », elle devient ronde lorsqu'il fait très sombre, et s'appelle alors « mydriase ». Le chat a trois paupières, inférieure, extérieure et la membrane nictitante qui se ferme sur le côté.

La queue

La queue du chat lui est très utile, elle lui sert pour garder l'équilibre quand il saute et quand il prend ses appuis dans certaines postures. La queue du félin peut bouger dans tous les sens et traduit ses humeurs. Lorsque le chat est excité et veut jouer, il balance activement sa queue. Il pourrait alors griffer ou mordre.

Moustache

On n'y prête pas souvent attention, mais les vibrisses du chat bougent en fonction de son comportement. Elles se plaquent contre ses joues lorsqu'il est sur la défensive et se déploie comme un éventail lorsqu'il s'intéresse à quelque chose.

La peau

Sous son épaisse couche de poils, le chat possède une peau souple, fine, élastique et très résistante. Dans l'une des différentes strates de sa peau se trouvent les muscles piloérecteurs qui dressent les poils du chat quand il est en situation de danger. Ce processus naturel le fait paraître plus grand pour effrayer l'adversaire.

Les oreilles

L'oreille du chat lui permet de recevoir des sons, des ultrasons et des vibrations. Elle l'aide à réguler son équilibre grâce au nerf acoustique relié à son cerveau. La position dressée de ses oreilles facilite la réception des bruits singuliers. Assez capricieux, il choisit ce qu'il veut entendre et se lasse rapidement d'un son.

Les moustaches

Les moustaches du chat sont aussi nommées « vibrisses ». Elles lui indiquent la proximité des obstacles grâce aux variations de pression de l'air. Elles sont utiles dans l'obscurité totale. C'est grâce à ses moustaches que le chat sait s'il peut se faufiler dans un passage étroit. Elles l'aident à mesurer ce qui l'entoure.

Les pattes

Ses pattes antérieures sont composées de cinq doigts tandis que les postérieures en ont quatre. Ses puissantes pattes postérieures lui offrent la possibilité de sauter haut et loin. Il possède sous ses pattes des coussinets épais aussi appelés « pelotes ». Il est sensible des coussinets, avec lesquels il ressent les vibrations.

EDITIONS ESI

100, rue Petit, 75019 Paris

Auteurs : Cédric Hernandez, Virginie Poussin, Aude Yvanès

Illustrations : © Lenivitz Production/Irina Sarnavska ; © samkar - Fotolia.com ;
© huutyann - Fotolia.com ; © Johnny Cash - Fotolia.com ; © nfrPictures - Fotolia.com ;
© lantapix - Fotolia.com

Imprimé en République Tchèque par FINIDR
© Editions ESI - Dépôt légal : septembre 2014 - Achevé d'imprimer : août 2014
N° ISBN : 978-2-8226-0372-0
N° SOFÉDIS : S559406